尽 善 尽 美 弗 求 弗 迪

团队管理方法论 ③
沟通说服律

成正心◎著

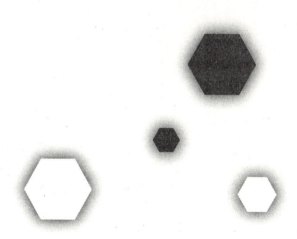

电子工业出版社.
Publishing House of Electronics Industry
北京·BEIJING

内 容 简 介

这是一本从心理学角度解读说服策略的书籍。书中详细叙述了全面的、原汁原味的心理学实验和研究，对被说服者的心理进行了深刻、系统的剖析，旨在让读者在深入了解人们的抵抗心理、妥协心理、服从心理和顺从心理的同时，掌握最实用、最有效的沟通方法和说服策略。

图书在版编目（CIP）数据

团队管理方法论.③，沟通说服律 / 成正心著.—北京：电子工业出版社，2016.10
ISBN 978-7-121-29811-0

Ⅰ.①团…　Ⅱ.①成…　Ⅲ.①企业管理－团队管理－方法论②企业管理－管理心理学
Ⅳ.① F272.90

中国版本图书馆 CIP 数据核字（2016）第 207460 号

责任编辑：王陶然
印　　刷：三河市兴达印务有限公司
装　　订：三河市兴达印务有限公司
出版发行：电子工业出版社
　　　　　北京市海淀区万寿路173信箱　　邮编：100036
开　　本：720×1000　1/16　印张：18.5　字数：256千字
版　　次：2016 年 10 月第 1 版
印　　次：2016 年 10 月第 1 次印刷
定　　价：48.00元

凡所购买电子工业出版社图书有缺损问题，请向购买书店调换。若书店售缺，请与本社发行部联系，联系及邮购电话：（010）88254888，88258888。

质量投诉请发邮件至 zlts@phei.com.cn，盗版侵权举报请发邮件至 dbqq@phei.com.cn。

本书咨询联系方式：（010）57565890，meidipub@phei.com.cn。

如何管理团队在最近这些年的创业热潮中，已经成为一个无法回避的问题。现今有一种说法，投资者最关心的问题排在首位的就是创业团队是否成熟且有特质，事实也是如此。应当说，这一波创业热潮，是一次团队意识的全民灌输教育。

时至今日，如何带好团队已经引起管理者的高度重视，其本质上更多是一种素养，是一种方法论思维，特别是在创业环境中，这种素养代表着创业者个人的心理修养和心理空间，代表着个人与团队成员之间恰当而又不失分寸的相处。

多年来，我们搞创业，参与多种创业设计，我们宁愿相信每一位管理者都有胸怀、有心理素养，拥有人格上的突出魅力，这是带好创业团队的基础。而这些能力不是通过全员氛围的灌输可以实现的，它需要个人去修炼、去学习、去沉淀。

我们编写这套书的目的，就是要给管理者在面对团队管理问题时以指导。我们从"心理"出发，来讨论团队管理方面的诸多问题，这也是对目前社会上缺乏解读"团队心理"方面书籍的一个补足。

孟子有句话说，"行有不得，反求诸己"。意思是说，如果你做事不顺利或人际关系处理得不好，要先寻找自身原因。这句话听起来容易，做起来却很难。实际上，当你拥有足够多的阅历时，就会明白，只有这样看待问题，才能寻出问题的根源，真正解决问题。

这套书不会告诉你管理团队的"科学方法"，但是会告诉你如何去品味人心，教你如何"对症下药"。我们认为，这才是带好团队的基础。人们常说"万变不离其宗"，人心就是"宗"，是变化之源、变化之根。

这套书共分三册：《团队管理方法论①：合作引导律》《团队管理方法论②：心态调节律》《团队管理方法论③：沟通说服律》，其侧重点各有不同。

这套书之所以称为方法论，是从其基本概念引申出来的。众所周知，方法论就是人们认识世界、改造世界的一般方法，是人们用什么样的方式、方法来观察事物和处理问题。概括来说，世界观主要解决世界"是什么"的问题，方法论主要解决"怎么办"的问题。那么，为什么要强调方法论？最近媒体上有一则消息，称复旦大学广泛推行一批新的选修课，课程内容全变了，变成了各个领域的方法论。为什么呢？他们认为学习不应该只关注现象，而要学习剖析现象之方法论。换言之，学习要向深度转换，而不只是拓展宽度。

但愿我们的每一个读者都能拥有更加有深度的思维！谨此致谢。

　　大概在两年前，在接触过很多企业管理者之后，我们原本希望编写一本能够生动反映团队领导者沟通困境的图书，也为此做了一些调研工作。但在调研过程中我们发现，管理者真正需要学习的是一些基本的沟通素质与沟通心理策略，这个意见占了压倒性多数。

　　于是，本书应运而生。它客观总结、呈现了心理学对沟通和说服力的研究成果，学习这些成果可以使沟通者正确看待沟通和说服问题，习得沟通和说服的素质和策略，而至于这种策略能否被灵活地运用，则取决于沟通者自身的领会和把握。

　　当你翻看这本书的时候，可以先试着思考自己是否有过以下经历：

　　你想要去说服一个人，但却有些困难。他似乎有点固执，总是听不进去你说的话，甚至还故意与你唱反调。你想要改变这种局面，最后寄希望于书籍——你希望从一些书中找到方法，成功地说服他。所以你来到了图书馆或者书店，你想找到一本书，让它来为你指点迷津。

　　你也许已经阅读过很多关于说服与沟通的书了，也尝试过使用其中的方法，但效果似乎都不大。

　　你对说服之类的图书不是那么信任了，但还是忍不住想要翻翻看——"或许能找到好方法呢！"

　　如果你也正在经历这些，那么就请翻看这本书吧——记得带一支笔和一个笔记本。这本书介绍了一些方法，对你的说服有益，你需要把它们记下来，并结合自己的实际情况灵活使用。

有什么东西是值得你认真阅读并记录的？

当你准备好之后，你会发现这本书与你之前读过的那些书籍有所不同。这里没有很多理论，有的只是对人心的分析——人们顺从或者拒绝他人的心理秘密。你需要了解这些内容，然后"对症下药"，结合对方的表现来决定使用哪一种方法。

这本书里包含许多心理学的道理——超过 30 个。那么，它会不会很难看懂呢？当然不。书中的道理都是通过心理学实验来阐述的——这些实验与教科书中的实验不同，其对经过和结果的描述都是通俗易懂的。所以，你需要做的只是安静地阅读，同时记下有用的东西。

最后，记住一点：相信自己！不要怀疑或者抱怨自己的口才、知识或影响力！看完这本书你会发现，要说服一个人，你不必知识渊博，也不必巧舌如簧，只要把握住对方的心理，你就能说服他，赢得他的信任。你要相信自己能够理解你的说服对象，你知道他在想什么，你能应对！

作　者

CONTENTS

目录

11

13

Chapter 1

第一章

恐惧唤醒

我们更容易屈从于内在恐惧，而不是真实的事物！

1

因恐惧而妥协

说服，意味着使对方妥协。让一个人妥协的方法有很多，其中一个就是让对方感到恐惧。

比如，一对情侣吵架，一方威胁另一方要分手。被威胁的一方虽然觉得对方是在无理取闹，但因为害怕分手，只好选择妥协——主动道歉，请求对方原谅。

这就是因为恐惧而妥协的例子。

恐惧会导致妥协，有什么科学依据呢？威斯康星大学的利文撒尔等人与亚拉巴马大学的罗杰斯发现，一般情况下，人们的恐惧程度越高，说服效果就越好。

心理学家班克斯和萨洛维曾做过一个实验，其目的是通过唤起人们的恐惧情绪来增强人们的行为意愿。

这个实验是这样的：研究人员将那些从未做过乳腺X光检查的中年妇女（年龄在40～46岁）分为两组，让她们观看一段与乳腺X光检查的内容相关的录像。其中，第一组被试者接收到的是积极信息，重点是强调做此项检查能帮助人们预防并及早发现疾病并挽救生命；而第二组被试者接收到的是恐惧性质的信息，即强调不做检查会让人们付出生命的代价。

之后，研究人员在跟踪调查中发现，第一组被试者中只有一半的人在12月内去做了检查，而第二组被试者中则有2/3的人去做了检查。

这个实验即证实了恐惧情绪体验的"说服"力量。

2

恐惧会改变人的态度和行为

我们知道，信服并不代表会有所行动。比如，虽然大家都相信随地吐痰是不卫生的，有可能传染疾病，但这种"相信"并不能驱使所有人真正做到"完全不做"。那么，对恐惧的信服，是不是也只是起到让人"知道"的作用，而不能影响人的行动呢？心理学家所做的实验可以告诉我们答案。

1966 年，戴伯斯与利文撒尔做了一项实验。实验的被试者是一群大学生，实验的内容是劝说这群大学生进行破伤风预防注射。其中，研究人员在劝说过程中会向这群大学生指明破伤风的严重性、致命性和易感染性，再告诉其进行预防注射的效果。

在实验开始时，研究人员将被试者分成三组，让他们接受三种不同程度的说服。对于第一组被试者，研究人员在劝说过程中将破伤风病描绘得非常逼真，病症呈现得非常清楚，并通过一定的语言处理，尽量使每一条信息都表现出一种尽可能吓人的情景。可以说，第一组被试者在这种描述中感到了高度的恐惧。而对于另外两组被试者，研究人员则向他们展现了恐惧程度较低的信息——第二组被试者感到了中度的恐惧，第三组被试者感到了低度的恐惧。

信息展现完毕之后，研究人员开始询问被试者预防注射的重要性，并让他们对自己想做预防注射的程度进行从 1 级到 7 级的等级评估——1 级最弱，7 级最强。之后，研究人员又对他们进行为期一个月的跟踪调查，统计了他们之中在这段时间内去大学附近的保健医院进行预防注射的人数。

结果发现，高、中、低三组被试者做注射的意向等级分别平均为 5.17、4.73、4.12，而他们实际上去做注射的人数百分比分别为 22%、13%、6%。

由此，研究人员得出这样一个结论：恐惧程度越高，态度和行为发生相应改变的人数就越多。

不过，这个结论并不如我们所想的那么简单。

1953年，贾尼斯和费希巴赫通过一个关于饭后刷牙的劝说实验发现，唤起恐惧后所得到的说服效果还不如没有被唤起恐惧所得到的说服效果好。

这是怎么回事呢？难道恐惧没有用吗？心理学家进一步实验的结果，为我们提供了答案。

3

何时有效，何时无效

1976年，罗杰斯和梅博恩发表的一篇论文中指出，恐惧唤起是否能够有效地让态度发生改变，取决于三个因素及其相互作用——事件的有害性、事情发生的可能性和处理方法的有效性。为了验证这个设想的正确性，他们设计了这样一套实验。

实验的被试者是一些烟瘾很大的学生。他们被分成两组，分别进行程度不同而目的相同的劝说宣传活动。

第一组被试者被命名为“低有害组”。在实验中，研究人员让他们观看一段影片，该段影片讲述的是一个患肺癌的男子发现自己患了肺癌，然后去医院诊治以及外科医生进行手术准备的事情。

第二组被试者被命名为“高有害组”。实验开始后，研究人员除了让他们观看与低有害组同样的影片外，还让他们观看了长达5分钟的肺切除手术的视频。

接着，研究人员让两组被试者填写一份测量恐惧唤起的问卷，以确定他们对疾病的恐惧程度。

问卷填写完后，研究人员将两组被试者又各自分成A、B两组，即所有被试被分为低有害A组、低有害B组、高有害A组、高有害B组。然后，研究人员让两个A组的被试者阅读一篇论述肺癌发生概率极高的短文，文中指明，一个人只要吸烟，患肺癌的可能性就会增大；而对于两个B组的被试者，研究人员则要求他们阅读论证肺癌发生概率极低的短文，文中指明，尽管吸烟能引起肺癌，但一个特定的吸烟者得这种病的可能性并不大。

之后，这四个小组的被试者被再次各自分为两个小组——1号组和2号组。其中，研究人员让所有的1号组阅读戒烟对预防肺癌的作用非常大的短文，文中指出，不吸烟是预防肺癌最有效的方法；而让2号组阅读的短文，则告诉吸烟者即使戒烟也难以保证不患肺癌。

最后，研究人员要求所有被试者都填写一份问卷，让他们对患肺癌的可能性和戒烟对预防肺癌的有效性进行等级评定，并要求他们表明自己戒烟的意愿。

在统计所有问卷数据之后，研究人员发现：高有害组的被试者比低有害组的被试者表现出更大的恐惧；读了有关肺癌发生的可能性高的短文的被试者比读了相反内容短文的被试者更有可能认为吸烟者会得肺癌；读了不吸烟能够有效预防肺癌的短文的被试者比读了相反内容的被试者更加相信戒烟的效果。

而在分析不同实验得到的交叉效果之后，研究人员发现，最具有戒烟意愿的是在"高有害性"和"高有效性"条件下的被试者及"高可能性"和"高有效性"条件下的被试者；而在"低可能性"条件下，"高有害性"和"低有效性"被试者的态度改变很小。

也就是说，如果恐惧事件出现的可能性不大，或者避免恐惧事件出现的方法没有多大作用时，即使人们感到非常害怕，他们也不会去改变态度。

但是，在人们对恐惧事件感到非常害怕的情况下，如果找到了一种避免恐惧事件发生的方法，人们就会愿意去尝试使用这种方法，即使恐惧事件出现的可能性不大。

正是由于这个道理，人们在感到非常害怕的时候，会做出本能的反应，而不理会作用尚不明确的科学方法。

4

为什么没有人听道奇的命令

这是一个真实的故事。

1949 年夏天，美国蒙大拿州的天气干燥酷热。8 月 5 日下午，该州一处偏僻的松树林因遭雷击而起火。很快，一支由 15 人组成的消防队被派遣到当地执行灭火任务。该消防队的队长名叫瓦格·道奇，队员多是一些年龄不足 20 岁的暑期实习生。之所以派出这样一些经验不足的消防员，是因为他们起初得到的消息是"火势不大"。

的确如此，火情最初只发生在曼恩峡谷的几亩树林间。然而，当消防员到达时，却发现这里的火势已经失控，甚至在瞬间，强风袭来，风向调转，大火迅速向消防员所在的地区蔓延。眨眼间，消防员的后方就出现了一堵高 15 米、长 90 米的火墙；仅仅几秒钟，火墙就穿过草丛，以每分钟 210 米的速度向消防员扑来。

道奇看到情况不妙，就赶紧向队员们高喊撤退。所有的人都丢弃了装备，沿着峡谷峭壁往上爬，以图到达山顶。

跑了几分钟，道奇向身后瞟了一眼，发现大火距离他们已经不到 50 米远了。可要想在 15 秒之内跑到山顶，基本上是不可能的事情。于是，他决定不再向上攀爬，站在原地一动不动，眼看大火越来越近，道奇出奇的冷静，并想到了一个主意：划一根火柴，点燃面前的草，让火快速地沿着长满草的斜坡延伸，其所经之处就会变成一片灰烬。然后，就可以清理出一片空地。躲在这片空地中，或许就可以保命。

道奇觉得这是一个好方法，至少比跑上山顶有效。于是，他开始向队员们呼喊，让他们也停下来。但是，队员们都不理他，继续抓紧时间向山顶跑。他们认为道奇疯了。

看着不愿意停下来的队友，道奇没有再浪费时间，而是按照自己所设想的方法开始行动。清理出一片空地之后，他用水壶里的水浸湿了手帕，捂住口鼻，卧倒在空地上，费力地吸着附在地表上的薄层氧气，闭上眼睛，等待着火焰从他身上越过。

经过恐怖的几分钟，道奇从灰烬中爬了起来——他活过来了。而其他的消防人员，除了一人在岩石山坡上发现了一处浅浅的裂缝并躲藏其中，其余都在这场火灾中丧生了。这一切都如道奇所预想的那样，几乎没人跑得过大火。

明明跑不过大火，人们为什么还要尝试呢？

有一年消防经验的消防员沃尔特·拉姆齐后来讲到在看到道奇的做法时自己的想法："我当时觉得那是个好主意，但是我想不出这个主意究竟好在哪里。我当时一直在想的是'谷肩''我能否跑到谷肩'，因为到了谷肩，我就安全了。"

当时的副队长威廉·赫尔曼（赫尔曼是唯一跑到谷肩的消防员，但全身三级烧伤，并在第二天去世）看了道奇的逃生方法后，在报告中说："见鬼去吧。我要逃出去。"

而当调查员问道奇为什么没有一个消防员听从他的命令停止逃跑时，道奇无奈地摇头说："我无法理解，他们好像一点都没意识到自己跑不过大火，即使跑到谷肩，也是死路一条，因为上面还有很多草。他们的脑子像被某个东西控制了，都往一个方向跑。"

　　这个故事告诉我们，即使感受到了高强度的恐惧，但若是觉得避免恐惧事件出现的方法没有多大用处时，人们也会拒绝采用。

5

恐惧不仅需要唤起，还需要疏导

　　那么，我们应该如何利用恐惧来达到说服的目的呢？以下内容可以给我们启示。

　　一名咖啡壶推销员到一家有些年头的乡村音乐主题咖啡馆推销咖啡壶。一进门，就得到了店主的问候："小伙子，要杯咖啡吗？"

　　"噢，不！"他笑了笑，深深地吸了口气，"怀特先生，您的咖啡又醇又香，但我认为我应该在办完正事后享用。"

　　"你听过我的名字？"店主问。

　　"是的，您和您的咖啡一样有名，"推销员一边说一边拿出样品，"这种新式的咖啡壶面市后，我就想把它介绍给您。如果它能被您拿来煮咖啡，它一定会感觉非常幸运。"对于这样的恭维话，店主显然很高兴，大笑起来。

　　"那么，您愿意看看这把壶吗？"推销员也笑着问。

　　"好啊，让我看看。"店主接过样品，动作娴熟地开始摆弄那把咖啡壶，神情非常投入。十几分钟后，他放下壶，问了推销员一连串非常专业的问题。

　　"呃，先生……"推销员不知道怎么回答，因为这些问题通常是由技术人员来解答的。

　　但是，店主的脸色却暗了下来："小伙子，任何一名推销员都会说他卖的东西是最好的，但你却不能告诉我它为什么是最好的。比方说，你说这把壶采用了比利时的先进工艺，那么比利时的工艺与美国的工艺比，到底好在哪里呢？我认为我问的问题才关系到这把壶的真正价值。如果你不能给我一个满意的答复，我没有理由购买你的咖啡壶。"

在听到这样的话语之后，推销员沉默了。随后，他向店主道歉，说自己的准备工作并不充分，并表示在研究之后会再来给店主一个答案。

第二天一早，咖啡壶推销员又来到了咖啡馆。

这一次，他像别的客人一样点了一份早餐："早，一杯拿铁，一块蛋糕。"也像别的客人一样得到了回应："稍等 20 分钟。"

在等待早餐时，推销员听到很多顾客的抱怨，"等待时间太长""人太多"，便对店主说："如果咖啡能煮得稍微快些就好了。如果煮一杯咖啡的时间缩短几分钟，那么你一个早上起码能多卖好几十份早餐。"

店主："是的，但是没办法，因为烹制的流程和所用时间都是固定的。"

推销员："其实我有办法缩短煮咖啡的时间。"

对此，店主将信将疑，但还是决定在早餐高峰期过后与推销员详谈。毕竟，在每天的早餐高峰期，如果每杯咖啡的烹制时间能减少 3 分钟，他就可以多卖出 50 份早点，多赚近 100 美元。

早餐后，推销员要求店主带他到厨房参观。在厨房，他向店主描述了咖啡店现有咖啡壶和原有咖啡壶的优点，然后故作不解地引导店主说出更换咖啡壶的原因——原有咖啡壶使用麻烦、花费的时间长、容易出故障。之后，他提出了自己推销的咖啡壶的优点——可以把烹调时间再缩短 5 分钟、操作更简单、不容易出故障。他还亲自指导烹调师操作，以验证自己所说的话。

15 分钟后，咖啡准时烹制完成，烹调师和店长都非常满意，生意成交。

在这个案例中，如果推销员不能让店主相信新咖啡壶真的能够缩短咖啡烹制时间，减少顾客的抱怨，那么他的推销可能还是无法成功的。

所以，说服的秘密虽然是唤起对方的恐惧情绪，但是，这还不足以让人改变态度和行为。我们还需要告诉对方避免恐惧事件出现或者说消除恐惧的方法，并让对方相信这些方法的有效性。

Chapter 2

第二章
损失厌恶

他不会为没得到的事物付出全部的努力，但会为已得到的事物即将消逝而妥协。

1

为押金而忍受痛苦

通常情况下，人们在决定是否去做一件事情的时候，不仅要看这件事对自己有什么样的好处，还要看它是否会让自己遭受损失。如果会遭受损失，尤其是金钱方面的损失，那么人们就可能不会去做这件事。

美国科学家乔治·比格洛想要做一个关于用双硫仑戒酒的效果的研究。但是，双硫仑是一种让酗酒者感到痛苦的药物，就算同意参与实验的酗酒者是下定决心要戒酒的，也不愿意在较长的时间内一再忍受双硫仑的折磨。

为了让酗酒者能够坚持服用双硫仑，比格洛和同事们想了一个办法，即要求酗酒者先在戒酒医院预交一定数额的押金，并制定一份承诺书——只要患者哪一次没有按时前来服用双硫仑，他交付的押金中的一部分就会被转到慈善基金中，而押金的剩余部分则在研究结束后返还给患者。也就是说，只要按时到医院服用双硫仑，戒酒就会成功，押金也会退还。这样，患者不会损失一分钱，还能戒酒成功。因此，所有参与实验的酗酒者都心甘情愿地签下了这份承诺书。

当然，在服用双硫仑两三次之后，很多患者都因忍受不了痛苦而想放弃，但因为在乎那笔钱，只好坚持服用，最终都大幅度地减少了饮酒量。

人们不是都在想办法躲避痛苦吗？怎么会因为一笔押金和一份承诺书就甘愿长时间地忍受痛苦？这需要从心理学上的损失厌恶说起。

2

捡钱的喜悦抵不过丢钱的郁闷

有时候，人们会因为不愿意放弃已经付出的资源（主要是金钱，有时也包括时间等其他资源），而拒绝改变原有的态度和行为。这就是人的损失厌恶心理。

对于这种心理，我们从下面的实验中可以看出一二。请想象以下情景：

假如你用 500 元买了一件特价外套（购买之后，既不能退也不能换），拿回家试穿后才发现号码过大，穿上显得十分臃肿。那么，你是会继续穿这件外套，还是把它送人？

如果这件外套不是你自己买的，而是别人送的，那么你是自己穿还是送人？

从客观、理性的角度来看，外套是用来穿的，怎么获得的并不重要，合不合身、美不美观才是关键。因此，不管是自己买的还是别人送的，都应该放弃自己穿，转而送给合适的人。

然而，人们的选择却并非如此。据统计，大多数人会在第二种情况时选择送人，而在第一种情况时选择自己穿（忍受"不美观"）或者修改后再穿（成本加大）。这是因为在大多数人看来，如果放弃自己花了 500 元买的外套不穿，那么就相当于浪费了这 500 元；如果是别人送的，就另当别论了。这两种迥异的态度，就是损失厌恶引起的。

可见，在损失厌恶的驱使下，人们更倾向于强调损失而非收益。换句话说，捡到 100 元的喜悦，远远不及丢失 100 元的悲哀。即使两者在同一天发生，人们的心情也会因丢钱而郁闷不已。

3

潜在的金钱损失会唤醒人的恐惧

不管怎么说，对金钱的损失厌恶是一种不理智的认知方式。而人们之所以不能理智地认识金钱方面的损失，关键在于，长久的生存和生活压力，以及由来已久的传统观点。金钱在人们的内心深处已经演变成一种可以与安全和舒适等同起来的物质。财务上的损失或匮乏，都会成为一种致人痛苦的惩罚，唤醒隐藏在我们内心深处最原始的恐惧感。

美国爱荷华大学的神经科学家所设计的一个实验，可以显示人们对损失金钱的恐惧感。

在实验正式开始之前，研究人员先在所有被试者的胸部、手掌、脸上安装电极和其他检测装置，以便对他们的呼吸、心跳、汗液分泌和肌肉活动进行跟踪。

之后，被试者开始参与一种由神经科学家安托万·贝沙拉和安东尼奥·达马西欧设计的游戏：先拿到2000美元的赌金，然后点击鼠标，在电脑屏幕上左右两侧的四副扑克牌中选出一张牌，按扑克牌背面的条件或输掉或赢取赌金。每副扑克牌都是正面显示，被试者无法看到扑克牌背面的信息。他们每抽取一次牌，都可能变得"更富有"，也可能会"更贫穷"。

当然，设计者还对扑克牌偷偷做了一些手脚：左侧的两副牌中，代表损失和收益的金额都比较大，数量均等，都各占一半；右侧的两副牌中，代表收益的扑克牌数量较多，但所显示的奖励幅度很小，而代表损失的扑克牌数量和金额则相反。换句话说，左侧的两副扑克牌意味着高收益和高风险；右侧的两副扑克牌意味着低收益和低风险。

起初，被试者并不知道扑克牌的秘密。但是，在经历过几轮游戏之后，他们渐渐都发现了其中的奥秘。所以，从那时起，他们不再关注左侧的扑克牌，而是开始从右侧的两副牌中抽取更多的牌，"镇定自若"地赢取更多的钱。

而实验人员，则负责观察被试者在整个操作中的心理——包括发现秘密之前和发现秘密之后的心理。

那么，研究人员发现了什么呢？让他们感到惊奇的是，在抽取任何一张可能输钱的纸牌之前，被试者的皮肤都会出汗，面部肌肉都会紧张，并伴随呼吸加速、心率加快等反应。比如，一个被试者在游戏最初抽取一张让他输掉 1140 美元的纸牌时，他的脉搏次数马上就从 75 次猛增到 145 次；在游戏中后期，即使这名被试者已经"总结出"低风险的规律，但在经历了左侧危险牌带来的三次大笔损失后，再从右侧牌中挑选纸牌之前，他还会出现躁动不安的身体反应，甚至不用点击，仅仅是把鼠标移动到右侧的两叠牌上，他的生理机能也会像看见一只咆哮的老虎一样躁动不已。

人们为什么会对损失金钱感到如此的恐惧呢？神经学家安东尼奥·达马西欧给出了这样的解释：货币是社会生活中的一种象征，它不仅是人们维持生活的必要方式，还成为一种延续人们维持社会地位的不可或缺的手段。从这个角度说，损失金钱的结果，与遭遇猛虎、深陷火海或是站在悬崖边缘一样，都能从人的身体激发出一种最原始、最根本的恐惧感。

4

不求赚钱，只求不赔钱

我们知道，恐惧会让人们做出屈服的态度和行为。那么，对金钱损失的恐惧，是不是也会让人的态度和行为屈服呢？

以下的抛硬币实验，可以告诉我们答案。

心理学家给每一位被试者分发了 20 美元的游戏币，然后向他们宣布了以下的游戏规则：

整个实验由 20 轮抛硬币游戏组成。在每次抛硬币之前，每一个被试者都可以参赌，猜测硬币落地时是正面朝上还是反面朝上。如果被试者猜对了，他就可以赢得 3 美元；如果猜错了，则要输掉 1 美元。

此外，每一个被试者也可以选择不扔硬币，这样他就没有任何损失。

而不管被试者是否参与游戏，在实验结束时，他都可以将手中的游戏币换成等值的美元现金。

结果发现，在 20 个轮次的游戏中，只在其中 12 个轮次中有小部分被试者参与了游戏。也就是说，没有人愿意参与全部游戏，即使在有人参与的轮次中，大部分人还是选择充当观众在一旁观望。

这个实验告诉我们什么？害怕承受金钱损失的人们，宁愿放弃赢取 3 美元的机会，也不愿意承受输掉 1 美元的痛苦。也就是说，人们因为害怕面对金钱损失所带来的痛苦，而甘愿远离任何带有风险、可能会让财富缩水的行为。

5
多谈损失与损失规避

既然人们害怕遭受金钱损失，那么如果我们能够从损失和损失规避的角度进行说服，是不是就会使说服更加有成效？加州大学曾经做过一项相关的调查研究。

研究人员让他的一名助手假扮成电力公司员工，对一些用户进行节约用电的劝说。

对于有些用户，助手假扮的电力公司员工告诉他们，通过能源节约，每天能省下 50 美分；而对于剩下的一部分用户，电力公司员工则告诉他们，如果不节约能源，每天将损失 50 美分。

劝说结束之后，研究人员询问这些用户关于节约用电的看法与态度，问他们是否支持节约用电。结果发现，后者比前者要多出三倍，即被告知不节约用电将会遭受损失的被试者更加赞同研究人员的说法，同意节约用电。

无独有偶，1988 年的《应用心理学》杂志上也有一个类似的实验研究。

实验中，研究人员告诉一半的业主，如果他们给整栋房子加绝缘层，每天就可以节省一笔费用；而告诉另一半业主，如果不给他们的房子加绝缘层，他们每天都会损失一定数量的金钱。

虽然前者得到的金钱数量与后者失去的金钱数量是一样的，但是后者同意给房子加上绝缘层的人数远远超过前者。

这两个实验足以证明，在说服的过程中，用利益诱惑的效果，不如用损失及损失规避诱导的效果好。

6

可能错过，也是一种间接损失

那么，人们为什么会屈服于损失及损失规避呢？心理学家的解释是，担心遭受潜在损失的心理会使人产生巨大的焦虑，并促使其采取行动预防损失，哪怕他们对产品本身并不是很感兴趣。相反，如果确定不采取行动也不会有什么损失，那么人们就不会做出行动，即使行动能让他们获得一些收益。

1970 年，国内有一本被查禁的书——《第二次握手》，曾一度引发过热潮。当时，这本书虽然是手抄本，但很多平时没有阅读习惯的人也都狂热地借阅和传抄。

1979 年，这本书正式出版，虽然打着"感动过整整一个时代的中国人"的广告，两三年内发行量达 430 万册，但是人们对它却再也没有当年的热情。

同样一本书得到截然不同的待遇，原因很简单，它是"限量"的。而"限量"则让人们感到了潜在的损失威胁。

这就意味着，"限量"可以说服人们从犹豫不决中走出来，快速做出决定。

社会心理学家沃切尔用曲奇饼干做了一个实验，以说明"限定商品"是如何打动客户的。

首先，被试者被分成两个小组，研究人员给每个小组都分发了一只装有相同味道的曲奇饼干的罐子，只是数量有所不同。第一组拿到的罐子里装有 10 块饼干，而第二组的罐子里只有 2 块饼干。

然后，研究人员请被试者从自己小组的罐子里取一块饼干尝尝，并评价饼干的美味度。

结果发现，第二组认为饼干好吃的被试者数量比例远远大于第一组。

可见，对一种东西的限制越严格，人们越是想得到它。

不仅如此，有时候，害怕失去某种东西的想法也会迫使人们想方设法地去得到它。以下心理学实验即是证明。

一位心理学家挑选了 10 个人，分别邀请他们到一间舒适的屋子里交谈。不仅如此，在交谈的过程中，研究人员还会尽量说一些比较有趣的话题，以增加被试者对谈话的兴趣。同时，他还安排另外的研究人员在交谈期间给被试者打几个电话，并观察他们的反应。

结果，这 10 个被试者在看到陌生号码时，都会中断愉快的谈话，去接通未知的电话。虽然在多次之后，他们知道没有什么重要的信息，也没有再接听来电，但他们会在电话响起之后变得坐立不安，无法再像以前一样专注地与心理学家交谈。

为什么打来的电话会比与心理学家谈话更有吸引力呢？

心理学家的解释是，每个被试者都认为，如果自己不接电话，就可能会错过重要的信息，且永远都无法补救。正是在这种心态的驱使下，他们才会格外在乎电话响，甚至不惜中断愉快的谈话去接电话。

换句话说，可能错过，也是一种威胁。

7 | 强调稀缺性

怎么才能通过"可能错过"来达成说服的目的呢？方法在于向说服对象传达时间等其他资源的稀缺性。比如，在销售中，销售人员可以运用"数量有限，现在不买就买不到了"的方法，促使客户及早采取行动。

一家商店销售一种仿古瓷的瓷瓶，花色多，样式也多，售价都是500元。但是摆放了很久，一只也卖不出去。

后来，有人给店主出了一个主意：把瓷瓶全部收起来，只在店里摆放一只，且标价为5000元。店主将信将疑地照做了。

一天，一个外国人到商店闲逛，看到这只瓷瓶非常喜欢，想购买，但是又想要一对。店主就说："本店只有一个，如果真想要一对，我明天一定想办法再给你找一只。不过，你需要在今天把这只买走。"外国人立即答应了，并一再嘱咐店主一定要再找一只来。

第二天，这位外国人和同伴一起再次来到店里，看到了给他准备好的瓷瓶，非常高兴，赶忙又交付了5000元。可是，外国人的同伴也看中了这种瓷瓶，也希望要一对，希望外国人能把这对瓷瓶让给他。

这时，店主对他说："如果你能再等一天，我今天晚上一定再给你找一对。"外国人的同伴答应了。

第三天，外国人的同伴也如愿买到了一对瓷瓶。

"机不可失，失不再来"的气氛，总会给人一种莫名但非常强烈的紧迫感，在这种紧迫感的压力下，人们会毅然做出选择。

所以，如果我们想要尽快说服对方按照我们希望的方式行动，那么不妨在引起对方的兴趣之后，利用信息量的差异，营造一种"短缺"的氛围，以引导其尽快做决定。

Chapter 3

第三章

风险厌恶

现在的一颗糖的诱惑，要大于明天的
两颗糖。

1

怎么跟房东讨价还价

虽然人们都希望获得高收益，但并不是所有人都会被高收益说服。这是因为，如果高收益意味着高风险，低收益意味着低风险，那么人们很可能会选择低收益的项目。法国著名理财师欧利维埃·塞邦用自己的租房经历证明了这个道理。

在签订了租房协议，缴付了一个月的房租3150欧元之后，塞邦搬进了出租屋。一个星期后，他在与邻居的交谈中得知对方所租住房屋的月租金是3100欧元，比自己的便宜50欧元，内心便有些不平衡，想要让房东将房租降低一些。

第二天，塞邦就以房租太贵为由与房东展开了谈判。

由于塞邦已经签订了合约、缴付了一个月的房租，房东就不需要再凭借优惠来讨好他，便一口回绝了他。

面对房东的拒绝，塞邦并没有罢休，而是进一步"威胁"房东：如果房租不降就要搬家。同时，他还"提醒"房东，这栋房子已经闲置一年了（法国法律规定，闲置房不出租，就要缴纳罚金。在房屋闲置的第一年，房东必须缴纳房屋市值10%的罚金，第二年为12.5%，第三年则为15%，以此类推，罚金逐年递增。因而闲置时间越久，房东需要缴纳的罚金就越多），房东也应该清楚他有按时付款的能力。

最后，房东妥协了，将房租的月租金减去250欧元。这样，塞邦每年就可以省下3000欧元的租金。

案例中，房东最终同意降低租金的主要原因是不愿意承受未来房子租不出去的风险。这是人们厌恶风险的典型表现。

2 | 我们都是风险厌恶者

"风险厌恶"是决策心理学中的一个术语，是指一个人在对不同的财务决策方案进行权衡时，面对相同的成本，更倾向于做出低风险的选择。简单来说，在选择各种机会时，人们总是对预期收益大、风险也大的项目采取回避的态度，倾向于选择预期收益稳定的项目。这样，如果成功，他们所获得的收益不会很多；但万一失败，也不至于受到致命的打击，还有回旋的余地。

美国俄亥俄州立大学的心理学教授艾尔克·韦伯曾通过一项简单的实验证明了人的这种选择倾向。

在这个实验中，被试者被要求坐在摆放有两副纸牌的桌子前，并被告知：每张纸牌的背后都印有一个以美元标志的金额，他们的任务是抽取一张纸牌，赢取纸牌背后标志的美元金额。而为了让被试者做出更为明智的选择，研究人员允许被试者在两副纸牌中随意取样，直至他认为自己知道应该从哪副牌中做出最终选择为止。

当然，研究人员还有一些事情没有告诉被试者：韦伯教授已经对这两副牌做了手脚，在其中的一副牌中，每张牌背后都显示有 1～2 美元的字样，被试者只要抽取其中的任意一张牌，都可以获得一笔小金额的奖励；而在另一副牌中，90% 的纸牌是没有报酬的，只有 10% 的牌背后写有美元金额，不过，被试者若能抽到这 10% 中的任意一张牌，就可以获得 10～20 美元的奖励。

换句话说，一副牌代表的结果是确定无疑的小收益，另一副牌则代表蕴含着大风险的大收益。

　　虽然研究人员隐瞒了这一信息，不过被试者还是可以从随意取样中发现这个秘密。

　　因此，大多数被试者都在从每副牌中挑选 10 张左右的纸牌之后，会发现一侧的牌常常让自己一无所获，而另一侧的牌却总能让自己获得收益。做出这样的判断之后，他们最终都选择从可以获得小收益的一副牌抽取一张牌，拿走 1～2 美元的奖励。

　　对于这一结果，艾尔克·韦伯指出：人们对输赢的感受，取决于输赢的标准。而对于输赢的标准，人们则倾向于从风险结果相对于稳定结果的感知偏离度而不是理论数据来进行评价。当感知到的风险收益明显低于稳定收益时，人们就会远离风险，选择稳定。

3

回避风险是一种天性

　　当然，我们不能说所有人都不喜欢冒风险。但是，我们不能否定的一个事实是，回避风险是人的一种天性。而且，这种天性并不是人类所独有的，而是大自然中很多动物的共性。

　　虽然除人类以外的动物还不知道钱为何物，也不在乎赔钱，但是它们却明白失去水和食物的危险。因此，科学家便利用水和食物去研究动物们对风险的态度。生态学家莱斯利·里尔所做的一个实验即是证明。

　　在实验开始之前，研究人员对实验中的蓝色花朵和黄色花朵进行了处理，在每一朵蓝色花中都放入 2 毫升的花粉；在 1/3 的黄色花中放入 3 倍于蓝色花的花粉，即 6 毫升；在剩余的 2/3 的黄色花中不放入一丝一毫的花粉。

　　这样一来，无论以哪种花为目标，蜜蜂的"收获"都是相同的：平均每次可以得到 2 毫升的花粉。唯一的区别是，蓝色花每次都能提供相同的"报酬"，而黄色花只能在长期内提供等量的"平均报酬"。

准备好之后，里尔让蜜蜂在蓝、黄两种颜色的花朵中进行选择。

结果发现，虽然蜜蜂在两种颜色的花朵之间的最初取样概率是均匀的，但它们很快就会聚集在蓝花上，集中率高达 84%。

随后，里尔改变了实验规则：在所有的黄花中和 1/3 的蓝花中添加了花粉，把剩余的 2/3 的蓝花的花粉全部清除。换句话说，在第二轮实验中，每一朵黄花都含有花粉，而大部分的蓝花都没有花粉。

于是，蜜蜂重新飞入花丛后不久就放弃了蓝花，飞向了黄花。它们对黄花的偏爱率瞬间就达到了 77%。

由此，里尔得出结论：收获的数量并不是影响动物行为的唯一的关键要素，同样重要的还有收获的连续性。与多而不确定的回报相比，动物们更喜欢少而确定的回报。

所以，如果我们希望能够尽快地说服一个人，那么最为简单的方法就是让他们感觉到他们的选择是低风险的，而回报是稳定的。

4

双面说服，降低选择风险

怎么才能让对方相信自己的选择是低风险的选择呢？事实上，与有缺点相比，不知道是否有缺点，以及不知道有什么缺点，更让人觉得不可靠，觉得选择的风险更大。所以，如果我们想要说服对方接受一件事情，那么最好的方法就是在告诉对方其中优点的同时，也告诉对方其中的缺点。这其实就是心理学上的"双面说服"。

双面说服是相对于只说优点的单面说服而言的。所谓双面说服，即在向说服对象说出事物优点的同时，也说出其中的缺点，从而为对方提供一个公正客观、有条有理的展示。这样做很容易赢得对方的信任。

一名房地产销售员负责郊区某一楼盘的销售。该楼盘的优点是价格便宜，缺点是交通不方便，其位于郊区，且需要走十多分钟才能到达公交车站。

由于这个问题直接影响到投资价值和居住价值，因而这个销售员从不隐瞒它。他每次接到客户的咨询电话时，都会在说明其优点的同时，详细说明它的缺点及影响。

比如，对于买房投资的客户，他会说明交通对价格的影响及应对办法；对于有车自住的客户，他会在说明"交通不便"的同时，告知他们由于街道的路面宽广，这一问题对有车族来说并不受影响；而对于没车自住的客户，他会建议客户先买下这里的房子，然后用省下来的钱买辆车，等过几年积蓄多了再将这里的房子卖出，买位置更好的房子。

正是因为了解了房子的缺点，看房人才会相信房子的低价是真实的、有道理的。所以，很多有意向的客户在看过房子之后，就立即下了订单。

如果缺点是显而易见的，即使销售人员不讲出来，客户也会一望即知，并将其作为讨价还价或拒绝购买的理由。若直接讲出来，客户反而会相信销售人员的说法，觉得销售人员是个"实诚"的人，放下戒备之心。

5

优点和缺点，怎么说才最有效

当然，有时候，虽然我们已经将事物的所有真实信息都坦诚地告诉给说服对象，但对方可能仍然认为我们讲的话有水分，还是不相信我们；或者，当我们把事物的某些缺陷告诉对方的时候，对方说自己接受不了这些缺陷，便选择了放弃。

这些当然都是得不偿失的。所以，双面说服应该讲求一定的技巧，说该说的话，而不是盲目简单地"说出事物的优点和缺点"。

心理学家的研究表明，如果人们对我们的观点比较赞赏或持中性态度，我们就应该采用单面论证，多说事物的优点；当人们一开始就对我们或者我们的观点持怀疑或否定态度时，我们就应该采取双面说服法，以打消他们的疑虑；当人们对我们所谈的问题并不是很了解或缺乏识别经验时，我们不宜说出事物的缺点，否则会让他们"望而却步"；而当人们的文化程度、智力水平、经验、阅历都较高时，我们也最好采取双面论证法，主动告诉他们事物的缺陷和不足，以打消他们的疑虑，增加他们的信任。

此外，如果说服者的影响力比较大，那么使用双面说服的效果则会更好。有心理学家曾经以名人、非名人和单面说服、双面说服为自变量设计了这样一个广告实验。

实验选取的被试者是 77 名 MBA 进修班的经理，实验的内容是让他们看一段计算机广告，然后再对此进行评价。

按照实验目的，研究人员将被试者分成四组，分别接受四种水平的实验处理。这四种水平分别是：名人的单面说服、名人的双面说服、非名人的单面说服和非名人的双面说服。也就是说，这四组被试者所看到的广告是不一样的。

看完广告后，研究人员询问被试者关于广告的看法。结果发现：第二组被试者，即接受名人的双面说服的被试者对广告的评价最高；第三组被试者，即接受非名人的单面说服的被试者对广告的评价最差。

可见，说服者的影响力越大，双面说服的效果就越好。

6

名人更可信

为什么人们会这么看重说服者的影响力呢？以下这个销售故事或许可以告诉我们原因。

北京某个住宅小区在第一期刚开盘时，由于价格低廉，吸引了很多明星的目光。售楼员在向这些明星介绍楼盘时说："别看这个小区地理位置偏僻，但是升值潜力很大。它交通方便，是开发的重点，所以不到一年，这里的房价就可以翻倍，绝对是投资的好项目。"由于价钱不高，投资不大，很多明星都购买了这个小区的房子。

等到第二期开盘时，售楼员就对来看房的普通市民说："这个小区的升职潜力非常大。很多大明星都住在这里，如×××、×××。您想想，明星买房肯定都有高人指点。他们既然选择这里，就证明这里的楼盘不管是从居住环境还是升值潜力来说，都有很高的价值。"

结果售楼员的说法被证实了。第一期开盘时，房价是每平方米8000元；第二期开盘时，房价是每平方米1.2万元；5年后，房价已涨至每平方米4万元。

对于这样的结果，心理学家认为，名人之所以会带动消费，主要原因就在于他们能为产品做出一个无言的证明，证明产品是优质的，是值得购买的。

因为在普通消费者看来，名人购买一种商品，不管是住房、汽车、服装、日用品、食品还是健身服务，不管是为了投资、送礼还是自用，由于他们交际面广，在购买商品前通常会先征求专业人士的意见，选购一些品质优良、物有所值的商品。所以，普通消费者就会理所当然地认为，跟着名人去购买，就是一种正确的选择。

7

总统喜欢和讨厌的书

那么，如果说服者不是名人怎么办呢？以下这个故事可以给我们以启示。

一位美国出版商为了卖出一批滞销书，想到了一个非常奇特的主意：他给总统送去了一本，然后就三番五次地去征求总统意见。

忙于政务的总统不愿意与其纠缠，就回了一句："这本书不错。"

出版商就借此大做广告："现有总统喜爱的书出售。"结果，这些滞销书很快就被一抢而空。

后来，这个出版商又积压了一些书。为了卖出书，他效仿上次的做法，又给总统送去了一本。总统上了一回当，就想整整他，所以连看都没看就告诉他："这本书糟透了。"

出版商听后，又做了一个广告："现有总统讨厌的书出售。"很多人都出于好奇争相购买，不久，书就售光了。

第三次，出版商又将滞销书送给总统。总统总结了前两次的教训，对其置之不理。一个月后，出版商又大做广告："现有令总统难以下结论的书，欲购从速。"书又被一抢而空。

对此，总统哭笑不得，商人大发其财。

可见，即使说服者没有足够的影响力，若在说服过程中使用影响力较大的人的事例，也同样可以提高观点的可信度和说服的有效性。

Chapter 4

第四章

模糊厌恶

再大的诱惑，如果不知道如何才能得
到，人们也会选择放弃。

1

对未知的恐惧

对于不清楚的事物，人们会自然而然地想到事件可能隐含某种程度的高风险，或者存在某种故意操纵。于是，为了避免掉入高风险或被故意操纵的陷阱，人们就会想方设法避开模糊的状态。这就是模糊厌恶。

心理学家丹尼尔·埃尔斯伯格在 1961 年所做的实验就证明了人们的这种心理状态。

研究人员在被试者面前摆放了两只罐子（为了方便区分，我们称其中一只为白罐子，另一只为黑罐子）。这两只罐子都是不透明的，被试者无法看到里面装有什么东西。不过，罐子的顶部都有一个拳头大的开口，被试者可以把手伸进罐子拿取里面的东西。

之后，研究人员告诉被试者，这两只罐子里都装有 100 个小球，有红球也有蓝球。其中，白罐子里面的红球数量和蓝球数量均等，都是 50 个；而黑罐子里面的红球数量和蓝球数量未知。如果被试者可以从罐子里（不管是白罐子还是黑罐子）取出一个红球，就可以得到 100 美元；如果取出的是蓝球，则得不到任何报酬。

结果，大多数被试者都将手伸进了白罐子。

在被试者交出取出的小球之后，研究人员又向其提出了新的游戏规则："你可以再取一次，如果你能取出一个蓝球，就可以赢得 200 美元；取出红球则没有奖励。"

这时，大多数人在犹豫片刻之后，还是选择了白罐子。

从理论上来讲，这样的结果根本就不符合逻辑。因为被试者在第一次选择白罐子时的做法，已经证明他认为白罐子里的红球比黑罐子多，白罐子里有 50 个红球，那么黑罐子里的红球则不到 50 个，蓝球超过 50 个。这样的话，在第二轮游戏中，被试者应该从黑罐子里抽取蓝球，而不是依旧选择白罐子。

难道被试者对黑白两种颜色的罐子持有偏见吗？

当然不是。埃尔斯伯格认为，人们之所以会两次"钟情于"白罐子，是因为黑罐子的不确定性让他们感觉到恐惧。

借用美国国防部部长唐纳德·拉姆斯菲尔德的话来讲，如果"已知的已知，是我们知道自己掌握的东西"，"已知的未知，是我们知道这个世界上还存在着某些不为我们所知的东西"，那么丹尼尔·埃尔斯伯格的白罐子就是"已知的已知"，黑罐子则是"已知的未知"。

对于白罐子，我们可以肯定的是，罐子里的红球和蓝球各占一半；对于黑罐子，我们可以肯定的是，罐子里既有红球又有蓝球，而无法判断的却是每种球的数量。相比于白罐子，黑罐子的"无法判断"会让人感到恐惧。毕竟，在抽取红球时，如果黑罐子有 99 个蓝球，不就是把自己逼上了绝路吗？抽取蓝球时也是如此。

所以，人们对一个事件发生可能性的肯定程度越低，就会对其结果越担心。因此，不管基本逻辑如何，人们都会回避黑罐子。这就是人们在不确定决策中的模糊厌恶心理。

换句话说，人们如果感觉自己对一个事物认知不充分，就会对它产生恐惧情绪，进而采取回避来实现自我防御。

2

人对模糊的反应是试图确定

当然，如果有一种方法能够减少模糊，那么人们就会去尝试使用这种方法，即使这种方法需要付出时间或者金钱。

经济学家理查德·泽克豪泽曾做过这样一项研究。

泽克豪泽的这一研究背景是"俄罗斯轮盘赌"。这是一种残忍的赌博游戏。

与其他使用扑克、骰子等赌博不同，俄罗斯轮盘赌的赌具是左轮手枪，赌注是人的性命。它的赌博规则是这样的：在左轮手枪的六个弹槽中放入一枚或多枚子弹（最多为五枚），在任意旋转转轮之后，关上转轮，让游戏的参与者把手枪对着自己的头，扣动扳机：怯场的为输，中枪者则自动退出（因为已经死亡），没被打中的则是赢家。

在模拟"俄罗斯轮盘赌"的场景中，研究人员拿出两把手枪，当着被试者的面分别装入四枚和一枚子弹（子弹是假的，并不会致人死亡），转动并关上转轮。然后向被试者提出两个降低"死亡"风险的备选方案，让他们从中进行选择：

（1）支付100美元，从第一把手枪中拿走四枚子弹中的一枚。

（2）支付10000美元，从第二把手枪中拿走唯一的一枚子弹。

结果，绝大多数的被试者都选择了第二个方案。

虽然拿走一枚子弹后，两种情况下被击中的概率都减少了，但是人们仍然会感觉有子弹与没有子弹比三枚还是四枚子弹的差异要大得多。换句话说，人们宁愿付出很大的代价去消除模糊，也不愿意付出很少的代价去减少模糊。

特沃斯基和卡尼曼有关"概率保险"的一项调查结果，也证实了人们的这种倾向。

在这项调查中，特沃斯基和卡尼曼让被试者做出这样一个假设：

"假设你正考虑给你的某项财产购买保险以预防可能发生的损失，如失窃、火灾等。而在计算过风险和保费之后，你发现'购买保险'和'不购买保险'两个决策的价值是差不多的。

"这时，保险推销人员告诉你他们的保险公司正推出的一种名为概率保险的新保险计划。在这项保险计划中，你只需付一半的保费，这样，一旦发生损失，你可以凭借50%的概率获得全部赔偿。当然，在发生损失之后，赔偿概率判定之前，你也可以不要求赔偿损失，只是拿回自己支付的全部保费。

"换句话说，在概率保险的情况下，你需要支付50%的保费，也只有50%的概率获得赔偿。

"当然，你也可以通过其他措施以降低这些不利事件发生的概率，如使用安全性能较高的电器、安装防盗自动警铃等。"

结果，80%的被试者都表示自己不会购买这种概率保险。

对此，特沃斯基和卡尼曼的解释是，即使两种降低损失发生的概率是在等量地减小，但是在决策人看来，将一项损失的概率（无论是多少）降低一半的价值也远远不如将其概率从一半减至零的价值大。也就是说，人们更愿意用方案来消除不确定而不是减小不确定。决策经验越是丰富的人，越是如此。

3
巴菲特的赌与不赌

巴菲特具有明显的"不确定厌恶"特性。他曾在2010年给股东们的信中写道："避开我们不能评估其未来的业务，无论它们的产品可能多么激动人心。"甚至，连跟可能损失10美元的不确定赌局，他都不愿意参与。

一天，巴菲特的高尔夫球球友们提出一个赌局：如果巴菲特在三天户外运动中，一杆进洞的成绩为零，巴菲特就要输给他们 10 美元；如果不为零，巴菲特就可以赢得 2 万美元。几乎每个人都接受了这个建议，除了巴菲特。

众人不解，一杆进洞虽然概率极低，但 10 美元对巴菲特来说太渺小了。而巴菲特却说："如果你不学会在小事情上约束自己，你在大事情上也不会受内心的约束。"

但是，这并不意味着，理性的人拒绝所有的不确定性。事实上，只要有足够的数据证明一项决策是对的，他们就会出手。也就是说，他们信奉的是用理性、科学的数据去消除模糊。巴菲特的一个投资案就是证明。

这个投资案要从 1971 年说起，那年 6 月，《华盛顿邮报》发行了 135.4 万股 B 种股票；1972 年，股价强劲攀升，从 1 月份的每股 24.75 美元上升至 12 月份的 38 美元；1973 年，报业虽然发展迅速，但是因为美国股市崩溃，该公司的股价还是下跌了 50%。

看到这样的机会，巴菲特果断地买下 1060 万美元的股票。这个数额占《华盛顿邮报》全部 B 股的 12%，或者说全部股票总额的 10%。

然而，巴菲特的投资在起初的两年内并没有取得成功，该股持续下跌。巴菲特的 1000 万美元在一年后即变为 800 万美元。

对此，职业投资者们窃笑不已：一只已经从 38 美元下跌到 20 美元的股票，像整个市场一样只有继续下滑的可能，怎么还敢大手笔买入？

然而，巴菲特并没有后悔。因为这不是个冲动的决策，而是深思熟虑的结果。从当时《华盛顿邮报》的资产分析来看，它的实际资产价值是 4 亿美元，而当时其总市值却只有 8000 万美元。也就是说，巴菲特是以《华盛顿邮报》股票内在价值 1/5 的价格买入股票的。试问：以两折的价格买下一家知名且优秀的企业，有什么风险可言？

所以，在职业投资者们认为这是一个"大风险"的投资而对其持观望态度时，巴菲特却毫不犹豫地出手了。

事实证明，巴菲特是对的。在持有该股票 33 年后的 2006 年年底，巴菲特对《华盛顿邮报》的投资价值总额已经增值为 12.88 亿美元，投资收益率高达 120 倍。

可见，人们厌恶的并非是对结果的不确定性，而是对最终结果的不可控性。如果我们能够让说服对象清晰地了解事情的过程和结果，或者可能出现的问题以及解决方法，那么对方对事物的模糊性就会有所减少，就可能被我们说服。

4

不隐瞒，说清楚

我们知道，很多关于未来的事情，想起来比做起来可怕。所以，与其让对方猜想，不如把话说明，把事情讲清楚，让彼此踏实。

美国某大型汽车公司的管理者意识到自己公司落后于日本同类企业是因为生产绩效问题，于是组织会议，为生产线的员工讲述提高生产绩效的重要性，并且指出生产中存在效率严重低下的问题，以及日本的汽车公司拥有高出其三倍的运作效率的情况，并提出了一个激励员工提高生产效率的计划。

根据这个计划，按照现有工作方式工作的员工很可能会受到惩罚。因此，参会的所有生产人员都认为管理者只是在危言耸听，日本汽车公司的生产效率如此之高是不可能的事情，并坚持认为自己的生产操作没有任何问题。

看到生产线的员工并不相信这一事实，该汽车公司的管理者立即决定，一个星期后即带领部分生产人员参观日本的汽车生产企业。

在实地考察中，这些来自美国的生产人员目睹了日本汽车公司高效率的运作情况，最终相信他们的确面临巨大的竞争威胁，心甘情愿地开始执行公司安排的提高生产效率的计划。

对于很多人来说，在看到事实之后，他们就会倾向于坦然接受事实，进而想办法改善。毕竟，没有人愿意坐以待毙。

所以，不要隐瞒信息，而要果断有力地公开信息，即使这些信息会令对方感到不安。只要我们坦然公布了它，我们的行动就能得到对方的支持。

有位经验丰富的职业经理人在接管一个衰败的高科技公司的第二天，就在会议上宣布取消员工的生活费用补贴，并改变奖金制度。

随后，他向众人说明了原因：在分析过财务状况之后，他发现，以前的总经理把改善资本、研发、营销的费用都用在年度加薪和发放红利上了，从而导致产品落后、业绩惨淡，被竞争对手远远地甩在了后面。

同时，他让秘书把行业的津贴调查表、竞争者的价格单、前几年的研发预算和资本预算、目前暂停的项目，分发给员工们浏览。

接着，他总结说："从行业平均水平来看，公司里每个职务的薪水几乎都高于平均水平。这也许正是大家愿意留下来为公司效力的一个原因。所以，我们不会降薪。但是，如果继续这样下去，用不了多久，公司就会破产，到时候我们都无法再拥有这样的薪水。所以，我希望大家能支持我的决定——接下来的三年内，不再进行生活费用的补贴，所有的奖金发放都将根据个人的表现以及对公司的贡献而定。当然，如果你们有更好的办法可以提出来，我们一起商量。我们的目标是希望公司和大家都能获益。欢迎大家提出问题。"

有的员工提出了质疑，这个总经理立刻提供以前遗漏的信息，并直接阐明了未来的目标和计划。最终，"这个坏消息"获得了员工的信任和支持。

每一个"坏消息"都可能会让人们感到畏惧，引起人们的回避心理。

但是，这个"可能"却是可以避免的。

　　还记得半杯水的道理吗？桌上有半杯水，你可以理解成"糟糕，只剩下半杯水了"，也可以理解成"太好了，还有半杯水"。所以，如果"坏消息"让说服对象感到不安，那就引导他换个角度看问题，改变其想法。

　　因此，我们不应该总是隐瞒负面的消息，而应该以正面的心态、清晰的计划来道出真相——尽可能详细地告诉对方：事实是什么？标准是什么？造成这种状况的背景是什么？其他人的行动对计划产生了怎样的影响？现在还无法预料的情况有哪些？必然会发生的状况是什么？我们自己对未来的估计是什么？有可能在最后一刻搞砸一切的因素是什么？——当我们把这些信息告知对方时，他们就不会再认为我们的方案是模糊的、不确定的。

Chapter 5

第五章

熟识性偏好

人们会自然地对熟悉的事物保持高关注度，而对陌生事物采用防御姿态。

1
风险投资的选择

不管是什么样的说服，如果说服对象对说服者是熟悉的，那么说服过程就会顺利很多；相反，说服过程就要艰难一些。这一切，只因为人们对陌生的事物存在着一种防御的本能，而对熟悉的事物却很容易产生信任感。投资者对风险投资的选择，就是证明。

1984 年，美国政府以反垄断为理由将美国电话电报公司的电话公司分解为七个地区公司。12 年后，经济学家戈尔·休伯曼调查了这些地方公司的股票持有人的情况，结果发现，人们喜欢持有本地区电话公司的股份，而不是其他地区公司的股票。

投资者们之所以会做出这样的选择，是因为相对于外地的不熟悉的公司，他们更了解本地的公司。换句话说，投资者的投资行为有"恋家情结"。正因为如此，很多投资者会用大部分资金购买本国股票，很少购买外国股票。

美国、日本、英国的股票市场市值分别占世界股票市场市值的 47.8%、26.5%、13.8%。按照传统投资组合理论，一个充分分散的投资组合在美国、日本、英国股票市场的配置比例应该为 47.8%、26.5%、13.8%。但是，美国投资者却不是这样配置自己的股票组合的。据调查，他们投资于美国股票市场的比例为 93%，而不是 47.8%。不仅是美国人，日本人和英国人也是如此。日本投资者投资于本国股票市场的比例是 98%；英国投资者投资于本国股票市场的比例是 82%。

事实上，即使有些投资者将目光放在了国际市场上，将资金投资于国外的公司，他们也会选择自己所熟悉的公司。这些公司通常是具有非常高的产品知名度的大公司。例如，中国的投资者倾向于选择美国、日本、德国等国家的大型企业。

但是，这种做法看似安全，却并非是最有益的。就拿日本来说，很多具有吸引力的中小型公司都拥有更高的出口额。

那么，投资者为什么还会做出这样的选择呢？因为他们倾向于熟悉的资产的收益率要高于他们所不熟悉的资产的收益率。

关于市场的预期收益率，世界最大的金融管理咨询公司之一的美林证券通过每个月向全球的基金经理进行调查后发现，欧洲大陆的基金经理认为他们所在地区的市场收益率要高于英国、美国和日本，而英国的基金经理也坚决表示英国证券市场的预期收益率是最高的。

可见，投资者总是更看好本地市场。他们对自己熟悉的股票风险收益水平过于乐观，而对不熟悉的股票则过于悲观。这就是可口可乐公司虽然销往全世界，但由于总部设在佐治亚州的亚特兰大，其16%的股权被亚特兰大的投资者持有的原因。

不仅是普通的投资者，职业基金经理也倾向于投资他们熟悉的公司。美国的职业基金经理虽然拥有大量的分析工具，能获取大量的信息，但是他们所选择的投资组合却也总是向本地公司倾斜，尤其在选择小公司或者风险较高的公司时更是如此。调查结果显示，平均而言，美国职业基金经理所持有基金的公司总部比其他公司离其办公地点近100公里左右。

2

因为了解，所以放心

人们为什么会偏好熟悉的事物呢？因为熟悉会增加人们的安全感。

试着想想这个问题：

你会信任陌生人吗？

80%的人会立刻说"不会"，剩余20%的人会犹豫一会儿。不管你的回答是什么，有一种情况，人们的反应基本上是相同的：当你听到门铃响，开门一看是个陌生人，不管你是属于那80%，还是属于那20%的人，都会隔着防护门用戒备的语气问一句："你找谁？"而面对熟人，通常会大开房门，做出邀请之状："你怎么来了？快请进。"

对待陌生人，人们会打起十二分警觉；而对熟人，一两分就足够了。这就是陌生人和熟人的差别。

有一对夫妇从来没投资过房产，却自称"炒房大亨"，凭着三寸不烂之舌，在长达4年多时间里，骗取了生活圈中24名熟人上千万元的投资款。以下即是这个"诈骗朋友"的一个事例。

"炒房大亨"的妻子在驾校学习时，认识了一位女商人，她先是对其添油加醋地讲述了自己的"发家史"，后将其引荐给"炒房大亨"。

"炒房大亨"见到女商人之后，给她描绘了一幅美好的"炒楼前景"。利欲熏心的女商人虽然动了心，但还是对"美景"略有怀疑，所以只投入了一笔小额资金。

而"炒房大亨"呢，对这笔资金非常"守信用"，很快就按期返还了承诺的高额利息。

看到如此丰厚的回报，女商人完全相信"炒房大亨"有办法帮自己发财，于是就毫不犹豫地追加了大笔资金，并由此与"炒房大亨"的妻子成为好朋友，经常一起购物、吃饭、喝茶。

不仅如此，出于对"好友"的信任，女商人还将自己的生意伙伴介绍给"好友"，并自愿充当担保人，见证两者间一笔巨款的借贷关系，以彻底打消生意伙伴的顾虑。

直到 2008 年 1 月，"炒房大亨"夫妇被警方逮捕，女商人才知道自己被骗了，而当初他们返还给自己的高额利息，只是诈骗的诱饵。

这虽然是个反面的例子，却反映了人们对"熟人"的无条件信任心态。

3

熟悉的，更容易被想起

那么，人们为什么会如此相信熟人呢？

在面临一个不熟悉或是复杂的问题时，人们经常会根据信息的"易得性"来进行判断。所谓易得性，是指信息被记起的难易程度。换句话说，在对事情进行判断时，越容易想起来的信息，人们越会依靠它做出决定。例如以下这个实验：

1973 年，特沃斯基和卡尼曼向 152 名被试者提出了以下问题：

在一般的英文词汇中，以 k 作为开头字母的单词与以 k 作为第三个字母的单词相比，哪一类单词的数量更多（不要考虑字母数量少于 3 个的单词）？

在所有被试者中，有 105 人认为由 k 作为首字母的单词更多。

然而事实上，以 k 作为第三个字母的单词数量是以 k 作为首字母的单词数量的两倍。也就是说，大多数人的回答都是错误的。

至于其中缘由，特沃斯基和卡尼曼认为，在对单词的回忆中，人们更容易想到的是以 k 作为首字母的单词，而不是以 k 作为第三个字母的单词，因而错误估计了这两类单词的相对比例。

这就是易得性造成的判断偏差。这种偏差在生活中是常见的。例如以下问题：

请你想象一下，在美国，下面两种情况哪一种更容易致人死亡？

（1）被飞机上掉下来的零件砸死。

（2）被鲨鱼咬死。

绝大多数的人都认为被鲨鱼咬死的可能性更大。因为人们"总是"从电视上（电影剧情或者新闻报道中）看到被鲨鱼咬死的案例。

但是，研究人员给出的调查数据却显示，在美国，被掉下来的飞机零件砸死的个案是被鲨鱼咬死的个案的 30 倍。

为什么会出现这样的结果呢？

特沃斯基和卡尼曼认为，生活中很多"常见事件"的统计数据与人们的直觉判断是相反的。因为人们的直觉会根据事件在大脑中唤起的难易程度来估计事件发生的可能性，像交通事故、谋杀、被鲨鱼咬死等事件几乎都是媒体的头条新闻，与另外一些实际发生频率比较高却难以想象的事件，如胃病、糖尿病等事件相比，更容易进入人们的记忆，进而更容易成为判断问题的依据。

这就意味着，如果我们能够经常出现在说服对象的视野范围内，经常与之见面、交谈，那么对方就会认为我们是他的"熟人"，从而在判断一个陌生事物的时候，会优先听取我们的意见。

4

经常与对方接触频率原理

经常见面、交谈就够了吗？

心理学研究发现，在说服过程中，沟通双方随着交谈次数的减少，对方被说服的可能性也在减小；相反，如果彼此交谈的次数比较多，即使时间并不长，说服对方的可能性却相对较大。这即是心理学中的频率原理。

心理学家扎琼克曾进行过一项交谈频率影响沟通效果的研究。实验中，研究人员将 12 张陌生人（被试者不认识）的照片随机分成 6 组，每组两张，然后给被试者展示不同的次数——第一组 1 次，第二组 2 次，第三组 5 次，第四组 10 次，第五组 25 次，第六组 0 次（不展示）。

被试者看完之后，研究人员将 12 张照片重新混合并一起全部展示出来，然后要求被试者按照自己的喜欢程度将照片排序。

结果非常明显：照片被看的次数越多，被被试者排在前面的机会也越大。

次数的多少，影响着人们的反应倾向。

另一位社会心理学家也通过实验证实了上述观点。

在一所大学的女生宿舍楼里，心理学家随机找了几个寝室作为研究对象，发给这几个寝室不同口味的饮料，然后允许这几个寝室的女生以品尝饮料为由，在这些寝室间互相走动，但见面时不得交谈。一段时间后，心理学家评估她们之间的熟悉和喜欢程度。结果发现：见面次数越多，互相喜欢的程度越大；见面的次数越少或根本没有，相互喜欢的程度也越低。

这就意味着，在说服的过程中，说服者和说服对象交谈的次数越多，说服者对说服对象的吸引力就会越高，说服对象被说服的可能性也就越大。

所以，我们必须记住：对陌生人的说服需要毅力。

5

对陌生人的说服需要毅力

营销学家们曾经做过这样一个统计，在销售活动中，2% 的订单是在第一次与客户接洽时完成的；3% 的订单是在第一次跟踪时完成的；5% 的订单是在第二次跟踪时完成的；10% 的订单是在第三次跟踪时完成的；80% 的订单是在第四次至第十一次跟踪后完成的。

虽然结果如此，但大部分的销售人员还是会在与客户初次见面失败后，就放弃与其接触，放弃探寻其中的销售机会。对此，这些销售人员却有自己的理由："初次见面，客户就没有认同我和我的产品，明确告诉我'请不要再来了'，如果我再去，不是自讨没趣吗？"

然而，我们所忽略的是，在初次见面时，客户拒绝的主要原因是我们对他来说是陌生人。如果我们能在初次拜访之后，毫不理会他的拒绝，继续主动地在他身边露露面，成为他熟悉的人，那么就有可能成为他喜欢的人。

有一个销售员在与一个大客户初次见过面之后，就开始了每天清晨发一条天气短信的"关怀"服务，但是客户从来没有回过他的短信。

销售员虽然有些失望，但依然每天坚持。直到一个多月后的一次意外，他的手机丢失了，这才暂停了跟客户的短信联系。

第二天，客户没有收到销售员发来的短信，便得意地对手机说了一句："小子，撑不住了吧！"可是这种得意并没有给他带来快乐，反而让他有些失落，甚至因为没有提前得知天气信息，还淋了雨，出了丑。这当然都是销售员的错，于是他就在心里把销售员骂了一百多遍。

第三天清晨，客户又习惯性地翻看手机，虽然看到一条天气信息，却不是销售员的手机号发来的。客户不禁更生气了，甚至还气冲冲地给销售员打电话，质问他为什么没再发短信。

谁知，销售员的手机已经处于关机状态。客户疑惑了，赶紧找秘书查到了销售员公司的联系方式，通过公司电话找到了他。这才知道销售员的手机在前天下午丢失了，昨天刚买了新手机和新手机号，今天早上已经用新手机号给他发了短信。

　　原来，那条来自陌生号码的天气短信就是销售员发的，客户顿时感觉欣慰多了，但还是佯装生气地说："我限你在一个小时之内赶到我的公司，我有事要谈。"

　　销售行业有这么一句话：追客户就像追女孩子，要让她答应你的求婚，就要先让她习惯你的存在。案例中的每天一条关怀短信，就是为了达到这样的目的。而当对方习惯你的存在时，你对他来说就不再是一个陌生人了——谁能说自己的习惯是陌生的呢？——你离你的说服目标也就不远了。

　　这个道理在其他说服场景中也同样有效——要让说服对象听从你的建议，你就需要先让对方习惯你的存在，从内心里把你看成一个熟悉的人。他对你越熟悉，就会对你越放心。

Chapter 6

第六章

自动化思维

当人们发现某个陌生事物似曾相识时，就会对它保持更多的关注度。

1

不用思考的思维

　　面对陌生的情境、陌生的人，我们总想从大脑中搜寻出一些熟悉的镜头拉近彼此的距离，也会利用头脑中已有的印象来评判当前的人和物。比如，初次交谈，人们就可以从短短的几分钟甚至几秒钟判断这个人是否诚实可信，是否值得交往；一场营销推介会，潜在购买者只是简单地看一看产品就会预估出其价格，即使这种产品对他们来说是陌生的。

　　所有这一切，都是因为人们启动了自动化思维。

　　什么是自动化思维呢？心理学上的说法是无意识的、不带意图目的的、自然而然且不需要努力就能加工完所有信息的思维。通俗一点来说，就是不用思考的思维。

　　心理学研究发现，人的大脑习惯利用捷径简化信息的分析处理过程，不用分析所有的信息就直接估计出一个答案。

　　利用这个捷径，大脑就会认为具有相似特征的事物是相同的，并根据固定的模式进行分析判断，从而有效率地组织和迅速处理大量信息。不过，这样也会导致大脑难以正确分析新的信息，进而得出错误的结论。比如下面这个例子：

　　心理学家向被试者提出了这样一个问题：

　　玛丽是一个文静、勤奋、关心社会的女子。她毕业于伯克利大学，主修英语文学和环境学。根据这些信息，请判断在以下三种工作中，哪一种是玛丽最可能从事的工作？

　　A.玛丽是图书管理员。

B. 玛丽是图书管理员以及塞拉俱乐部（Sierra Club）的会员。

C. 玛丽在银行工作。

回答这个问题的被试者包括主修经济学、管理学的大学生以及从事金融咨询的人。在他们的回答中，超过一半的人都选择答案 B，即玛丽是图书管理员以及塞拉俱乐部的会员。

这些被试者之所以选择这个答案，是因为他们认为在勤奋、关心社会的人所可能选择的职业中，图书管理员以及塞拉俱乐部的会员是比较具有代表性的职业。

然而，这个问题询问的并不是"玛丽最愿意从事什么工作"，而是"玛丽最可能从事什么工作"。这就意味着，我们要从玛丽所从事工作的概率来分析，而不是从她的性格来分析。

由于"从事图书管理员"的人明显比"既是图书管理员又是塞拉俱乐部的会员"的人多，因而答案 A 比答案 B 的可能性更大。在所有的被试者中，有 1/3 的人认识到了这一点，所以选择了答案 A。

然而，"图书管理员"也不是最佳答案。因为从社会中各个岗位的就业人数来看，"在银行工作"的人显然比"从事图书管理员"的人要多得多。所以，理性的答案应该是 C，即玛丽在银行工作。不过，只有少数的几个人选择的是这个答案。

可见，大部分人在对事物进行判断时，都会受到自动化思维的影响而做出并不理性的判断。

2

好股票是否来自好公司

因为自动化思维，人们会理所当然地认为，口齿伶俐的说服者所说的都是可信的，结结巴巴的说服者所说的内容都是与事实有偏差的——可能在撒谎。这样的想法，当然是不准确的。

对此，我们以金融投资为例来说明。在金融投资上，很多投资者认为好股票来自好公司。这也是自动化思维的作用。

安德瑞·史莱佛、约瑟夫·拉格尼沙克和罗伯特·维什尼三位美国金融学家一起研究了被投资者普遍认为是"好股票"（即主营业务持续增长的公司的股票）和"坏股票"（即业绩增长前景不佳的公司的股票）的两种股票。

首先，研究人员计算了所有公司过去五年销售收入的平均增幅，然后将增幅前 10% 的股票设定为"好股票"，后 10% 的股票设定为"坏股票"。

之后，研究人员开始等待下一年以及之后五年间这两种股票的实际表现。

五年过后，三位金融学家通过对 1963 年到 1990 年间纽约证券交易所和美国证券交易所所有股票的数据得到这样一个结论：如果买入"好股票"，那么你下一年将会取得 11.4% 的收益，五年后可获得 81.8%（平均值）的收益；如果你买入"坏股票"，一年后将取得 18.7% 的收益，五年后可获得 143.4%（平均值）的收益。

为什么"好股票"的业绩会输给"坏股票"呢？

金融学家发现，认为"好股票来源于过去业绩一直高速增长的公司"的投资者忽略了一个事实——能够保持过去高速增长的公司并不多。因为不多，人们就可能对仅有的这些公司追捧过高，从而抬高其股票价格，但是随着时间的推移，在事实证明投资者对这些股票未来业绩增长的预期过于乐观之后，其价格就开始下跌。

那么，投资者又是出于什么样的心理去购买"好股票"的呢？

答案就是他们倾向于相信一只股票过去的市场表现会在未来重演。这些投资者往往会将过去 3～5 年内市场表现差的股票看作"输家"，将表现好的股票看作"赢家"。虽然赢家的价格一直在涨，但他们却不愿意购买更可能获利的"输家"，而喜欢追逐价格走势处于上升通道的"赢家"。例如，他们喜欢追逐报纸杂志上列出的近期业绩表现最好的共同基金，或者买入在过去一周、一月或一季度中表现最好的股票和共同基金，或者购买过去几小时甚至几分钟内市场表现好的股票和共同基金。但是，事实证明，"输家"的市场回报往往比"赢家"高 30%。

事实上，不只在金融投资中，在很多事物上，人们对人、事、物的判断都来自于其过去的表现。如果过去表现好，人们就会不自觉地给予其信任；相反，人们就会对其抱着怀疑的态度，戒备，或者回避。

可以说，我们在一开始的表现决定了说服对象对我们的态度。

3

第一印象的分量

生活中，人们在认识和接受新鲜事物的时候，第一次接收到的信息总是会产生更大的影响。比如：在面试中，主考官对面试者的第一印象会严重影响其对面试者的总评分；在职场中，上司对下属的第一印象也会在非常大的程度上影响其对下属的看法。心理学家将这种最先接收到的信息占有更重要的地位的现象称为首因效应。

美国社会心理学家阿希在 1946 年就用实验证明了这一现象。

首先，阿希将参与实验的大学生分成两组。

其次，他对两组大学生描绘了一个人。其中，他对第一组大学生说，这个人"聪慧、勤奋、冲动、爱批评人、固执、妒忌"（很显然，这六个特征的排列顺序是从肯定到否定）；而对第二组大学生说的却是"妒忌、固执、爱批评人、冲动、勤奋、聪慧"（词语还是一样的，只是排列顺序恰好相反，从否定到肯定）。

然后，他让这些学生评价这个人。

结果发现，先接收了肯定信息的第一组大学生，对被评价者的印象远远优于先接收了否定信息的第二组大学生。也就是说，这些学生对被评价者所形成的印象受到其特征呈现顺序的影响。

由此，阿希推断：人们对一个陌生人的评价，往往会以"第一印象"为主。

从这个研究结果可以看出，信息呈现的顺序会对认知产生影响，且先呈现的信息比后呈现的信息有更大的影响作用。

第一次接收的信息为什么能够发挥如此巨大的作用呢？

心理学家研究发现，外界信息输入大脑时的顺序决定认知的结果。其中，先输入的信息对认知的作用较强，后输入信息的作用较弱。而当各种信息同时呈现在人们面前的时候，我们的大脑会优先处理前面的信息。如果发现后面的信息与前面的不一致，也会更倾向于认同前面的信息，以形成整体一致的判断。

真的如此吗？

在阿希的实验之后，还是有很多心理学家为验证首因效应的正确性展开对它的研究。例如，美国研究人员曾做过这样一项实验。

研究人员让参加一场面试的应聘者给自己拍摄一段长为 20 ~ 32 秒的自我介绍视频。然后将这段视频播放给一组非专业面试专家的人看，请他们对这些应聘者的各方面印象进行打分，如是否沉稳、是否有好感等。

实验结果发现，他们给出的评价与那些"面试老手"在经过 20 分钟以上的面试、交谈后所给出的评论几乎一致——都与应聘者所给出的第一眼信息一致。

以上的实验都是指人对人之间的认知。我们不是常说"对事不对人"吗？若是说服者的劝说是诚恳的，对说服者是有意义的，说服对象能否撇去对人的偏见，直接接受说服者的意见呢？

答案可能会让我们失望。因为首因效应不仅仅是存在于人们对陌生人的认知和判断，还存在于人们对事物的认知和判断中。

4 第一个信息的锚定作用

这是一个关于决策的故事，讲述的即是第一次接收到的信息的锚定作用。

一家公司的负责人正在进行一个关于"租赁一栋办公楼"的决策。经过多方考察和对比，他们发现了一栋位置和设施都比较理想的商务楼。

然后，在看过该房地产商开出的合同条件之后，该公司的负责人做出了一个并不恰当的决策。

房地产商提出的条件是："租期10年，每平方米每天租金3美元，每年价格随物价的上涨幅度而定；所有室内的改装费用由租户自理；10年以后由租户决定是否延长租期。"

这个条件非常苛刻，显然只是房地产商洽谈的起点。然而，公司的负责人却认为这是难以更改的，于是就做出了惊人的决定：可答应房地产商的大部分条件，只要对方能将单价降低0.5美元且承担一部分装修费用，即可签订合同。

这个决策显然对公司来说并不是最好的，公司负责人若能抛开"难以更改的"的锚定思维，与对方就各个方面展开谈判，完全可以获得更有利于自己的合约，如"价格应降到市场较低价""价格两年调整一次，且规定价格的上限""规定延长租期的各种条件"等。

可见，人们在对某个事件进行定量估测时，也容易受到某些特定数值或最初获得的信息的影响，不自觉地将其作为起始值或起始条件，机械地接受问题。

所以，我们应该有意识地为留给说服对象良好的第一印象做准备。

5 | 第一面就赢得对方的好感

那么，如何才能在第一面就赢得对方的好感呢？

心理学研究发现，一个人给他人留下的第一印象在一分钟甚至三秒钟之内就已经确定。而在短短的时间内，人们确定第一印象的依据中有93%都来自于一个人的衣着服饰、面部表情、肢体动作等外在印象——人们会不由自主地重视一个西装革履的人，而忽略另一个邋遢随意的人。

在人际交往中，西方学者雅伯特·马伯蓝比教授通过研究也得出了一个能够验证以貌取人定律的"7/38/55"定律：在整体表现上，人们对一个人的观感，只有7%的比重取决于他的谈话内容；而有38%的比重在于辅助表达这些话的方法，也就是语气、手势等；而高达55%的比重取决于他"看起来"是否有说服力，即他的外表。

心理学家曾经做过这样一个实验：

研究人员找了两组在企业中实习的大学生，让他们做与平时无异的工作。不同的是，他们要求一组学生穿着职业正装，另一组学生就穿着平时的休闲装。结果发现，穿着正式的学生的工作效率比穿着随意的学生的工作效率高出许多。

为什么会这样？工作中的一个差别是，当两组学生都需要同事的协助时，同事们更愿意为穿着职业正装的学生提供帮助。

美学理论中有这样一句话："形式具有内容的含义。"这句话同样可以用于说服过程。在说服过程中，服装就是一个信号，穿着正装，首先代表这是一个重视工作、重视礼仪的人。

当然，说到外在形象，我们都知道，容貌俊美和身材高大的人很容易拥有良好的外在形象。实验证明，这是事实。

第一次世界大战期间，美国心理学家爱德华·桑戴克在进行上级军官如何评价下属士兵的研究中发现，尽管他一再要求军官们从智力、体力、领导力、性格等素质方面给手下的士兵评分，但军官们还是认为相貌堂堂、身姿挺拔的士兵是"优等兵"，似乎他们因为拥有吸引人的外貌而多才多艺，且能做到射击百发百中、内务优良；而对于那些外貌形象不佳的士兵，军官们则认为他们在军队中的各方面表现都不尽如人意。

这是对外貌的偏见。正是这种偏见造就了"以貌取人定律"，即长得好看的人也拥有优秀的品质，与他们的外形相匹配。

不是说不能以貌取人吗？是的。道理是如此，但是在实际生活中，人们在对待陌生人时却并非如此。心理学家做过这样一个实验：

研究人员向被试者展示一些陌生人的照片，让他们根据照片的信息来猜测陌生人的性格。结果发现，参与研究的男性被试者和女性被试者一致认为，外貌有吸引力的人与外貌一般的人相比，更可能有以下特点：善良、有趣、坚强、镇静、外向、好相处、有教养、性格好。

在未来，更可能有以下不同：更尊贵、更容易结婚、婚姻更幸福、生活更充实、社交和职业上更为成功。

可见，在生活中，以貌取人定律是广泛存在的。甚至，人们也常常将一个人的外貌与才智混淆。

心理学家在一项研究中将匹兹堡大学 MBA 毕业生的长相分成 1 ～ 5 级，发现长相每升高一级，男生的年薪即平均增加 2600 美元，女生的年薪则平均增加 2150 美元。

不仅是容貌，有研究发现，个子高的人，也容易给人留下好印象。

美国匹兹堡大学的心理学家曾设计过一个有趣的追踪调查，他们发现，身高在 185 ～ 190 厘米的人起薪比身高在 180 厘米以下的人要高 12.4%。这仅仅是因为，人们总是习惯性地认为高个子的人更有力量、有实力、有威严，也更可靠。

为什么人们对高个子的人有如此的偏见呢？因为个子高的人在与人交流时，可以"俯视"对方。身高是一种与生俱来的气势，使被俯视的人很容易产生畏惧和崇拜的心理。

可见，在说服的过程中，外表的重要性还是比内在更胜一筹。如果一个人的外表不被细心修饰，其内在永远只能呈现 7%；反之，如果外表妥帖得宜，7% 的内在就可以延展出 100 分的力道。换句话说，同样的一个人，可以因为不同的外在，做出 100 分的成绩，或者 7 分的成绩。

所以，在与说服对象第一次见面之前，我们需要花点时间来装扮自己，以便让自己更加自信，更加可信。

Chapter 7

第七章

选择性注意

　　说服的秘密不在于你给予他多少信息，而在于他接收了多少信息。

1

被过滤掉的大猩猩

有效说服的第一步，是引起说服对象的注意。

那些不被说服对象注意的刺激，是无法起到说服效果的。这就像课堂上不听老师讲课的学生，他们总是无法接收到并理解课程的内容。

注意，是心理学一个独立的研究内容，其中一个根本性的观点是：人们具有选择性注意的心理特性，即在外界诸多刺激中，人们仅仅注意到某些刺激或刺激的某些方面，而忽略其他刺激。

心理学家丹尼尔·西蒙斯和克里斯托弗·查布里斯设计了这样一项实验：

首先，研究人员让所有的被试者看一场篮球比赛的录影带。在这场篮球比赛中，一支球队的队员身穿白色球衣，一支球队的队员身穿黑色球衣。

然后，研究人员要求这些被试者记下穿白色球衣的队员们投篮的次数。为了记录最准确的数字，被试者很自然地把注意力都放在了穿白色球衣的队员身上。

篮球比赛放映一段时间后，研究人员让一个装扮成大猩猩的人到场地中间（所有被试者都能看见的地方）走了一圈。几分钟后，"大猩猩"又跑到场地中间，东走走，西逛逛，甚至还停下来使劲儿地拍打自己的胸脯。

半场的篮球比赛结束后，研究人员收集了被试者的记录结果，发现大部分被试者记录的投篮次数与实际投篮次数的误差不大，最多只有2个。但是，当问及有没有在比赛中看到大猩猩时，大部分被试者都说没有。

　　一只大猩猩就站在这些被试者面前，却没有人看到它。这就是"选择性注意"的作用。

2

过滤理论

　　生活中充斥着各种信息，电视上的各种节目、路边的各种广告栏以及我们与他人所进行的语言或非语言的交流等。面对纷繁复杂的信息，我们有时会感觉应接不暇。心理学观点认为，选择性注意正是人们为适应这种多信息社会所产生的自然功能，它就像一个过滤器——对充斥在我们周围的信息进行筛选，对我们需要的信息予以保留，不需要的则被过滤掉。

　　这种过滤理论的提出者是布罗德本特。布罗德本特认为，神经系统在加工信息的容量方面是有限的，不可能对所有的感觉刺激进行加工。当信息进入神经系统时，首先要通过一个过滤机制，将多余的或不需要的信息过滤掉。因此，只有一部分信息可以通过这个机制，并接受进一步的加工。而这一部分信息就是那些能被我们利用的信息。

　　这确实是一个有用的功能。选择性注意对信息的处理有助于我们快速掌握有用的信息，摒除无用的信息，从而减轻我们承载信息的负担。

　　但是，当我们试图去与他人沟通的时候，会发现这却是一个实实在在的沟通障碍——因为当我们发布信息、说出某些话的时候，对方也许根本上就忽略不计。我们还发现，即使两个人单独面谈，也会出现对方只听上半句不听下半句的现象，偶尔专注、偶尔心不在焉的情况等，这都是选择性注意导致的。

3

谈论他的需要，而不是你的目的

那么，怎么做才能让说服对象注意到我们所提供的信息呢？

心理学家研究发现，日常生活中，与自身需求有关的刺激能引起人们的注意。乔·吉拉德的故事就是证明。

有一次，乔·吉拉德用了半个小时的时间为一位有兴趣买车的顾客详细解说了一部轿车，而且从顾客的表情可以看出他对这车非常满意。于是，乔·吉拉德带着顾客向自己的办公室走去，打算让顾客在自己的办公室签下订单。

在从展示大厅到办公室的路上，乔·吉拉德开始与顾客闲聊，而顾客也在兴奋中说起了他上大学的儿子，一再表示为儿子感到骄傲，并神采飞扬地说："我的儿子将来一定会成为一名优秀的律师。"乔·吉拉德则一边微笑地听着，一边附和着："嗯，不错。"顾客以为乔·吉拉德也觉得自己的儿子做得不错，谈话兴趣更浓了。

然而，过了一会儿，顾客正兴致高昂地说一些家长里短的时候，却发现身边的乔·吉拉德并没有在认真听——乔·吉拉德的目光锁定在了不远处嬉闹的人群里——可能是他的同事们正聚在一起嬉闹。

顾客有点生气，便试探性地对乔·吉拉德问了几句话，而乔·吉拉德因为没有专心听，连什么问题都没有听到就做出了回答："嗯，很好。"

听到这个回答，顾客的兴奋立即化为气愤，只说了一句"我要走了"，也不管乔·吉拉德有没有听到，就头也不回地离开了。

在这个故事中，乔·吉拉德因为只对跟自己有关的事情感兴趣，如销售汽车、同事们的行为等，所以很轻易地就屏蔽掉了顾客的话语；而顾客因为发现让自己为之骄傲的事情在乔·吉拉德眼里并不算什么——还不如他的同事们嬉闹重要，便觉得自己的尊严受到了伤害，也就拒绝再购买乔·吉拉德的汽车了。

以下这个例子却与上面的例子相反：

为了打开北京市场，南方某饮料公司的一位客户经理决定去拜访北京一家非常有影响力的饭店的经理。在与饭店经理交谈时，客户经理提出了价格优惠、送货上门、保证供应、保证质量等承诺，并表示了保持长期合作关系的愿望。但是饭店经理并没有被这些说辞打动，客户经理只好带着销售人员离开了。

随后，客户经理开始查找这位饭店经理的个人资料，如家庭成员、业余爱好、背景经历等。在得知饭店经理常在周二和周四下午去某网球俱乐部练球之后，便决定采用"迂回战术"——用"网球"来攻克饭店经理的心理防线。

周二下午，客户经理到该网球俱乐部打球。以"巧遇"为理由与饭店经理兴奋地谈了近一个小时的网球，并共进晚餐。虽然气氛不错，客户经理并没有借此开口谈饮料业务之事。周四下午，客户经理从该网球俱乐部门口经过，"巧遇"了饭店经理，两人又一次共进晚餐，席间谈到网球、目前的经济、各自的经历、饮料公司、工作任务……

出人意料的是，周五上午，饭店经理主动与饮料公司的客户经理通了电话，表示要与之洽谈饮料采购事宜。

可见，与说服对象谈论与他自身相关的事情，不但很容易集中他的注意力，而且还会因为被他当成"志同道合"或"善解人意"之人，最终心甘情愿地接受说服者的劝说。

4

莱斯托夫效应

除了与自身相关的刺激，人们也比较容易被特殊的刺激吸引。

苏联心理学家莱斯托夫曾在生活中发现一个非常有趣的现象：

在一场人数众多的宴会上，参加宴会的人往往只会对身形、相貌、年龄、地位等特征中最为突出者留下深刻的印象。

经过观察他还发现，不仅在宴会上，在其他的生活情境中也有很多类似的现象。

由此，莱斯托夫将其总结为一条关于注意力的心理学原理——莱斯托夫效应，即在一系列类似或具有同质性的学习项目中，最具有独特性的项目最容易被注意并记住。换句话说，越特殊的事物，越容易被人牢记。"东床快婿"的故事即是一个证明。

东晋时，太尉郗鉴有一个才貌双全的女儿，名叫郗璇，深得郗鉴的喜爱。郗璇16岁时，郗鉴决定亲自为她挑选一个女婿。

在京城中，声誉最好的就是丞相王导家的子弟。众人传言，王家子弟个个才貌俱佳，德艺过人。郗鉴希望能在王丞相家的子弟中择婿。

一天早朝后，郗鉴把自己的想法告诉了王丞相，王丞相拍手同意："好啊。不过我家里子弟众多，我不好挑选，不如就由您来挑选吧。只要是您相中的，不管是谁，我都同意。"

第二天一早，郗鉴派一个见多识广的门客带上厚礼，来到王丞相家查看王家子弟的言行。

傍晚时分，门客回到郗府，对郗鉴说："王府的年轻公子有二十来人，大多都不错，文质彬彬、谦逊有礼。或许听说我是替您挑选女婿的，他们都既兴奋又紧张，一个个表现得规规矩矩。只有一个人袒胸露背，卧在床榻上旁若无人地喝着茶，问他话也不搭理。"

都鉴听后，说："哈哈，我要选的就是他！"

第二天，都鉴专门到丞相府来见这位"袒胸露背"的公子。一见面，都鉴就赞道："好一个任性率真，胸襟豁达的公子！"当场就下了聘礼，择其为女婿。而这"袒胸露背"之人就是王羲之。"东床快婿"一说也由此传开。

那么，为什么会出现莱斯托夫效应呢？

我们知道，人们对许多事物的注意和记忆是无意识的，虽然是偶然的，但也具有明显的选择性。也就是说，并不是所有接触过的事物都能被人"不经意地"注意或记住，只有那些在生活中具有重大意义、能够引起人们的浓厚兴趣，或者能够激发人们情感的事物才容易被"无意识地"注意和记住。

所以，作为陌生的说服者，如果想让说服对象注意到我们以及我们传达的信息，就必须巧妙地突出自己的个性和特色，让自己最突出的个性成为对方注意的焦点。

5

7±2法则

当然，我们的目的并不仅仅是吸引说服者的注意。所以，在依据选择性注意的原理吸引到说服对象的注意之后，我们还需要想办法让对方记住我们要传达的信息。

试想下面这个问题：

如果你是客户，有人用下面两种方式向你介绍产品，哪种方式会让你记住更多信息？

"您好，我是××公司负责本市东大区的销售代表×××，很高兴认识您！"

"您好，我叫×××，是××公司的销售代表，主要负责本市东大区，很高兴认识您！"

答案显然是前者。虽然两者的叙述内容是一样的，但前者的表述条理清晰、主次分明，而后者却显得较为杂乱，不便于记忆。

为什么有条理的叙述才容易被人们记住呢？这与一个神奇的数字"7±2"有关。

19世纪中叶，爱尔兰哲学家威廉·汉密尔顿发现，如果将一把弹子撒在地板上，人们很难一下子看到超过7枚弹子。

1887年，M.H.雅各布斯通过实验发现，对于无序的数字，被试者能回忆出数字的最大数量约为7个。

之后，发现遗忘曲线的艾宾浩斯也发现，人在阅读一次后，可记住约7个字母。

这些实验结果都说明，人类短时记忆的容量为"7"。于是，美国心理学家米勒在1956年发表了一篇名为《神奇的7±2：我们的信息加工能力的限制》的重要论文，明确提出短时记忆的容量为7±2，即一般为7，但会在5～9之间波动。这就是7±2法则。

当然，由于个人的知识、经验不同，人们对同一组材料组成的信息块的认识也会有所不同。比如"销售管理"，对于刚识字的小学生来说，它可能是四个信息块，每个字是一个信息块；对于一般的成人来讲，它可能是两个信息块，"销售"和"管理"；而对于从事管理等相关职业的人来说，它仅仅是一个信息块，即专有名词"销售管理"。

所以，若想更好地与说服对象沟通，让自己传达的信息尽可能地被对方记住，我们就要尽力将自己表述的信息块控制在 7±2 的范围内，具体做法如下：

首先，准备能够传递准确信息的信息块。这要因人而异。比如，一家医疗器械公司的销售代表，在面对客户方的管理人员时，应主要介绍公司的背景、产品的研发情况和产品的市场情况等；在面对客户方的技术人员时，则应重点介绍产品大系、种类、性能、结构、操作、原理等。

其次，整合信息块。如果你准备的信息块已经达到或超过 9 个，就需要将部分信息条理化，把更多的信息集合在同一个信息块里，从而减少信息块的数量。

1961 年，心理学家默克多设计了这样一个实验：

首先，他把被试者分为三组，让他们分别试听三组材料：第一组是三个普通的英文字母，如 P、T、K；第二组是能够组成一个单词的三个英文字母，如 S、K、Y（SKY，天空）；第三组是三个英文单词，如 HAY（干草）、PAN（平底锅）、BED（床）。

十分钟后，让他们回忆，看他们能记起多少内容。

结果发现，第二组的成绩最好，第一组和第三组的回忆成绩差不多。

后来，经过多次验证，默克多才发现其中原因：第一组和第三组的记忆效果不如第二组，是因为信息块的数量不同——前者是三个信息块，后者只有一个信息块。

由此可见，"整合信息块"的秘诀就在于将原本复杂的信息通过清晰、有逻辑的表达转变为简单的信息块。常用方法有以下几点：

（1）养成简明扼要的说话方式。去除多余的语气词和连接词，准确使用关键词。比如，"可能是吧""我觉得应该是这样子""就像……的样子，或许就很好"都是比较拖沓的词语，可以替换为"这件事的真实情况是""我认为是这样的""×××的例子就能说明这个道理"。

（2）将观点、理由、举例完美地结合起来。在说服过程中，通过采用"观点—事例（理由）—观点"的结构，从观点说起，用例子证明，最后再重复观点，以便让客户在日后遇到相似的场景时通过事例想起你曾提过的观点。

（3）把关键的信息放在谈话的前面。在记忆大量信息的时候，人们的记忆力会呈现这样的特点：第一条信息容易被记住，中间的信息和最后的信息容易被遗忘或混淆。因此，把关键信息放在谈话的开头，就能使客户对其产生深刻的印象。

（4）重复强调关键信息，加深客户的印象。比如，一位保险推销员在推销老年保险时，不管客户说什么，推销员都会在回复时重复"早投保早受益"，最终"逼迫"客户产生了购买行为。这就是"不断强化"的暗示作用——让客户在不知不觉中被说服。

总之，简单的、有条理的信息才容易被人记住。我们要力求自己的推介语言观点鲜明、条理清晰，如此才不会让说服对象觉得啰唆而心生厌烦。

Chapter 8

第八章

目标吸引

一个人关注的，只是他想关注的。

1

目的指向

当印着部门所有人绩效考核的成绩单发下来时，我们总是能迅速地从中找出自己的名字和成绩，因为此时我们的关注点在自己身上；当大学毕业的集体照发下来时，我们也能快速地找到自己并会产生照得好与不好的感觉，因为此时我们的关注点依然是自己；当公司因业务拓展而搬到新办公楼，根据职责重新规划了个人办公位置时，员工第一天来上班的注意力在于快速地找到自己的位置，并会从整体上观察自己所处的位置。

所有这一切都告诉我们，一旦事物和自己有关系时，人们的注意力也随即会转向这个与己有关的事物。换句话说，人们会关注自己所愿意关注的东西。这就是心理学中的"目的指向选择"——我们看到或者听到什么取决于我们想看到或听到什么，目标决定了随后的行动。

基于这种目的指向选择，心理学发现了一种有趣的现象——鸡尾酒会现象。

在一个声音嘈杂的酒会中，人们相互之间交流着，同时还有音乐声、谈话声、酒杯餐具碰撞声等，这时你也正和他人在就某个话题交谈着，假若在不远处有人提到了你的名字，那么你会非常敏感地有所反应——或者朝向说话人望去，或者注意说话者下面提到的话。

这种对他人提到自己名字所表现出的敏感的注意力，便是鸡尾酒会现象。这种现象再次证明了人们的目的指向性选择——人们的关注点在哪里，人们便会关注哪里。

2

知觉防御

目的指向选择带给我们的说服启示是：在说服过程中，我们应该"投其所好"——以人们的关注点为沟通的切入点。

人们在接触信息、获得信息的过程中，如果某些内容让他们感觉到不安、恐惧、焦虑或抑郁，他们就会对这些信息视而不见、听而不闻，从而达到保护自己的目的。关于这一点，心理学家曾用实验做出了证明。

在第一个实验中，研究人员先将志愿者分为男、女两个小组。然后，研究人员利用速转实体镜在屏幕上以 0.01 秒左右的频率快速地闪动一些单词，同时让志愿者记下所看到的单词。结果发现，两组志愿者辨认出的中性词较多，禁忌词较少；而且，女性志愿者辨别出的中性词和禁忌词的比例差距更大。

在第二个实验中，研究人员先对志愿者进行一场 TAT 测试（Thematic Apperception Test，即"主题统觉测试"），将成功欲较强的志愿者划分为一组，其余的志愿者划入对照组。然后，研究人员用速转实体镜向这些志愿者快速展示了一些与成就相关的词汇（如"竞争"和"掌握"）和一些中性词（如"窗户"和"文章"）。结果发现，第一组志愿者辨认出的"成就词语"比中性词语要多得多，而对照组则不明显。

由此可见，面对自己希望看到或听到的事物时，人们会本能地"开启"自己的知觉，以最大限度地记住这些信息；而面对不愿意看到或听到的信息，人们也会本能地"关闭"知觉，以阻碍这些信息的刺激。这就是心理学上的"知觉防御"。

知觉防御在日常生活中最为常见的应用莫过于"看到电视广告就换台"

的行为。

据调查，电视观众最反感的就是"电视广告"。每当电视节目最为精彩或最为关键的时候，电视台就会开始插播广告。起初，观众可能会忍耐着看一会儿；不久，他们就会受不了广告的无聊，开始想方设法抵制广告。

比如，有的人一看到插播广告就换台，哪怕错过电视节目的精彩之处；有的人专门把一些需要离开电视机的事情推到广告时间来做；有的人会在广告开始时与其他人谈论电视节目的内容，然后等广告结束时再将注意力转回到电视节目上；有的人甚至会从网络下载想看的电视节目，以避免观看广告。

不管是哪一种方法，观众都可以在不看广告的同时，看到自己想看的电视节目。

3

与期望一致的话语最吸引人

那么，我们应该如何说话呢？

以下即为美国著名推销训练专家汤姆·诺曼为销售人员总结的一些有利于推销和不利于推销的日常词语。

（1）容易激发客户兴趣，有利于推销的词语，如对方的名字、健康、快乐、安全、省钱、新、爱、舒适、自豪、利益、值得、信赖、价值、好玩、容易、保证、金钱、发现、对的、结果、至关重要、事实证明等。

（2）会让客户"关闭"知觉，不利于推销的词语，如购买、出售、卖出了、交易、成本、付款、签名、合约、试用、担心、损失、赔本、伤害、死亡、坏的、价格、决定、困难、辛苦、义务、应负责任、错失、责任、失败等。

但上面提到的那些不利于推销的词语，同样可以用在说服上。例如以下这个故事：

一位直销员去拜访一个教师朋友，闲聊时说到工作，不禁开始对教师工作评头论足：工作辛苦、空闲时间少、报酬低，而以朋友这样的人才，如果从事直销工作，早就成为百万富翁了。随后又讲述了小保姆做直销成功的励志故事和一个政府干部转行做直销的故事。最后总结说，直销才是有前途的工作，比他条件差的和条件好的都在做直销，朋友应该改行。

一个月后，直销员又到朋友家拜访，告诉他自己刚刚去云南旅游回来，之后又说了做直销的好处：做直销，在家里都有收入，不但旅游的费用解决了，而且还不受工作时间的限制，想玩多久就玩多久。这一次，整天在黑板前吃粉笔灰的朋友有点心动了，答应去听听直销公司举办的培训课。

在课堂上，朋友看到了极有激励意义的直销奖金制度，完全被吸引住了，不久就应直销员之约加入该直销公司。

不难看出，在这个故事中，教师朋友被直销员说服的关键就是收入、时间自由和极有激励意义的奖金制度——这些恰恰就是能够锁住一个人注意力的话题。

4

把你的目的和他的需要连在一起

有时候，常用的容易引起人们兴趣的词语可能会让人感觉没用。这并非是因为与之相关的话题是无效的，而是因为对方没有把这些词语与自己的期望联系起来，或者说，对方并没有意识到自己内心的需求。这时，我们就需要想办法把我们的目的与对方的需要联系起来，并让对方了解自己的需要。这样，对方就会自然而然地实现我们的目的了。

一名汽车推销员在汽车展销会上结识了一位有钱又喜欢车的退休银行家后，不断地打电话约他试车。但银行家都以"忙"为理由拒绝了。

后来，销售员得知银行家喜欢钓鱼，就改变了"进攻"策略。

那段时间，他每天都抽出时间努力学习钓鱼知识和钓鱼技巧，甚至还拜托朋友帮忙找一处钓鱼场所。

一切准备就绪之后，他在一个周五晚上向银行家发起了"垂钓"邀请，银行家爽快地答应了。

周六一早，销售员提前赶到湖边，摆出钓鱼工具，坐在水边等。一个小时后，银行家带着不满和抱怨赶到了："这条路真是太崎岖了，我的跑车几乎开不过来！"

对此，销售员不但没有过多理会，还在他喋喋不休时"嘘"了一声，随后就拽上了一条非常大的鱼。

看到大鱼，银行家马上就兴奋起来，连忙从车里搬工具，打算和销售员比试。

一天过去，银行家收获颇丰，在回城的车上，他意犹未尽地说："这真是个钓鱼的好地方，以后应该常来。"

销售员表示赞同："当然。这里风景美、空气好，还能钓到大鱼。只是交通不怎么方便……如果有一辆越野车就好了。"

银行家说："是啊。我早就觉得法拉利不适合钓鱼了。可是，你对越野车在行吗？"于是，销售员向银行家推荐了几款车型。

三天后，销售员卖给银行家一辆越野车。

不难看出，这是一个局——一个把隐藏的需要显露出来，并让它成为迫切需要的局。而这个局的结果，就是实现了销售员的销售目标——说服者的说服目标。

5

用想象引发需要

如果我们一时不知道怎么把对方的需求与我们的目的连接起来，那么我们还可以试图让对方就我们的目的展开想象。

和他人交流时，我们可能会有这样的感受：对方向我们表达某一信息，如南方下雪了，我们在接收信息的同时，头脑自动对其展开了加工，或者想到与此相关的更多的事情，如北方下雪时的样子，想到南方是不是一样。或者，随即想到所有可能的结果——天气更阴冷、交通堵塞、货车被堵到高速路上等。当然，也有时候，这一刺激让我们想到完全不相关的事情——朋友去东北出差了。这些一连串的变化，即是想象。

心理学认为，想象是在头脑中对已有表象进行加工改造而创造新形象的反映活动，是一种特殊形式的思维活动。其中的"已有表象"指的是人们头脑中已有的关于客观事物的形象，站在沟通的角度，这个"已有表象"则可以看作所接收的各种刺激信息。

和他人沟通、交流是人们存在的基本方式，这个交流沟通的广度和深度，与人们的想象力密切相关。

中国当代绘画大师吴冠中先生在回忆自己的一生时说，1936年之前他可能从来没有想过自己将来会成为一名画家。

当时是杭州艺术专科学校的新生联合军训，排在队伍前头的朱德群是学画的，而排在队伍后头的吴冠中是电机专业。

当吴冠中得知朱德群是学画的时，他说："我也喜欢画画。"于是朱德群便带他去参观"杭州艺专"。这一看，所带来的是吴冠中先生的人生巨变。

他在《我负丹青》中说道："我看到了前所未有的图画和雕塑，强烈遭到异样世界的冲击。我开始面对美，美有如此魅力，她轻易就击中了一颗年轻的心，她捕获许多童贞的俘虏，心甘情愿为她奴役的俘虏。十七岁的我拜倒在她的脚下，一头扑向这神异的美之宇宙。"

就这样，吴冠中先生开始了他的艺术生涯，一生致力于油画民族化和中国画现代化的探索。

一次参观，让吴冠中先生受到了从未有过的冲击，这个冲击让他感受到了画中的美和魅力，这些冲击不正是想象所带来的巨大影响吗？

所以，如果不知道说服对象的需要什么，就通过想象把我们的目标美化，设想成一个美好的画面，并引导对方去感受这种美好，那么他很可能会被这种美好的画面征服，并引发相应的需要。

6

操纵他的期望值

除了用想象引发说服对象的需要，我们还可以通过一些"装扮"来操纵对方的期望值。

美国伊利诺伊州的一家自助餐厅，在一个晚餐时间，给在座的90位客人每人免费提供了一份撒着一层白糖的蛋糕。这些蛋糕的配料、做法都一样，分量也一样，但是盛装的餐盘不一样：有的是带有印花的精美瓷盘；有的是白色的塑料盘；还有的是一次性纸盘。服务人员将这三种餐盘盛装的蛋糕随机发给这些客人，并告诉他们这个蛋糕是餐厅准备加入甜点菜单中的新品，目的是询问他们对这个蛋糕的感觉如何，愿意为它支付多少钱。

半个小时之后，服务人员回收了调查表。统计结果如下：

吃的是瓷盘盛装的蛋糕的客人，对该蛋糕的评价几乎都是"非常美味"，认为这块蛋糕值1.5美元（平均后的价钱，下同）。

吃的是塑料盘盛装的蛋糕的客人，对该蛋糕的评价几乎都是"味道不错"，愿意为蛋糕支付 80 美分。

吃的是一次性纸盘盛装的蛋糕的客人，对该蛋糕的评价几乎都是"味道一般"，认为这种蛋糕与超市里的小蛋糕没什么差别，最多值 50 美分。

精美瓷盘盛装的蛋糕的价值比纸盘盛装的蛋糕的价值高出 1 美元。

这个实验的结果对餐厅有什么好处呢？这家餐厅一年的蛋糕销量在 1 万盘以上，如果装在瓷盘里卖，可以获得 1.5 万美元的收入；如果装在纸盘里卖，只能获得 5000 美元的收入。两者差别是 1 万美元。1 万美元，算算吧，可以买多少只精美的盘子啊！

明白了这一原理，餐厅的厨师们就开始想方设法提高食物的"档次"。比如：将牛排盛在看起来昂贵的、镶有金边的盘子里；在菜肴的周围添加上具有异国情调的饰物；在蛋糕上喷出具有艺术性的果汁线条；等等。虽然盘子不能吃、饰物不能吃、果汁线条也没有什么味道，但这些努力却被证明是值得的。装饰后的食物能够提高食客们的期望值，让他们觉得食物特别美味，并心甘情愿地付出十倍于食物本身价值的金钱。

食物可以如此，事物也可以如此——精心"装扮"后，对方就会更加容易被说服。

总之，想要说服他人，不能躲在家里"闭门造车"，而应仔细研究自己的目的和对方的现状及需要，尽可能地让它们产生一种紧密的联系。如此，对方就会被我们提供的信息吸引住，从而接受我们的劝说。

Chapter 9

第九章

刺激捕获

　　一个人若是不再关注他需要关注的事物，那么一定有别的新颖之物偷走了他的注意力。

1 注意力是怎么溜掉的

通常情况下，当发现将要沟通的话题正是自己的关注点或目标所在时，人们的注意力就会被吸引。但是，这并不意味着人们的注意力就会一直锁定在那里——有时，即使话题能吸引人们，一旦环境中更能抓住注意力的其他事物出现，人们的注意力就会自动转走。这就是刺激捕获的作用。

什么是刺激捕获呢？简单来说，当某种刺激的特征——环境中的物体——能自动抓住一个人的注意力时，此时说服对象的需要将可能不再起作用，因为刺激捕获发挥了作用。

关于这一观点，下面的故事可以让我们更好地对其做出理解。

课堂上，有位教授讲了这样一个故事：

有三只猎狗正在追一只土拨鼠，突然土拨鼠钻进一个树洞，但从树洞的另一边跑出一只兔子。这只兔子为了逃命，飞快地向前跑并跳上了一棵大树，不过由于它的惊慌与恐惧，又从树上掉了下来，却正好砸晕了正在仰头看的三只猎狗，兔子就这样逃脱了。

讲完之后，教授让学生们就这个故事说出自己的看法。有人说兔子不会爬树；有人说一只兔子不可能同时砸晕三只猎狗；还有人认为这个故事太假了，一点都不可信。

等同学们讨论完之后，教授对他们说："你们的分析都不错，可是，你们似乎忽略了最重要的事情——土拨鼠哪里去了？"

这时，学生们才有所顿悟。

这个故事所隐喻的正是人们的注意力受到刺激捕获的影响——人们并没有在最初关注的地方继续关注，而是被环境中出现的新刺激转移了注意力。面对外界的种种刺激，人们很难不受刺激捕获的影响。

某商场便利用了刺激捕获的原理在商场门口设置了一只和真人一样大小的玩具猩猩，它可以给顾客盖一个入场纪念的图章。因为这只玩具猩猩，活动变得非常有趣。结果，不仅小孩子，连大人也加入这支盖章队伍中了。

不仅这家商场如此，我们经常看到在休闲广场、游乐园等人多的地方出现穿着某些可爱动物服装的整体化装者，他们也有这样的吸引作用。

由于环境中各种刺激物的某种明显特征，有时人们便自觉或不自觉地成了它们的"征服者"。不管怎么说，刺激捕获会对人们的注意力产生影响。这就意味着，在说服的过程中，不管我们的话题多么有趣，说服对象都有可能"分心"，忽略我们的话语，转而关注其他事情。

那么，怎么才能避免这种情况的出现呢？方法有很多，我们需要依据实际情况学习使用。

2

用"活动的事物"抓住他的注意力

很多心理学实验证明，人们的注意力会被某些"活动的事物"所吸引。比如，通过对婴儿的观察发现，当同时看到来回转动的玩具和静止的玩具时，婴儿会长时间地注视转动的玩具而非静止的玩具。

在众多的利用者中，美国前总统约翰·肯尼迪将其发挥得淋漓尽致。

美国前总统约翰·肯尼迪以高超的演讲技艺闻名世界。在演讲中，他总是能非常成功地运用动作来吸引人们的目光，能巧妙地运用手势来表达所想，还会用左手扣击右手的动作来表现自己的气势。

也许人们会感到演讲内容枯燥无味，但那些动作无疑在此时吸引了人们的注意力，很轻松地把听众再次拉回演讲之中。

所以，我们要想抓住说服对象的注意力，需要运用一些运动着或者与之前展示的不太一样的新鲜刺激。比如，在向客户解说事物时，我们可以采用生动活泼的幻灯片，也可以设计、插入一些新颖的图片、图表等，以吸引客户的注意。

除此之外，如果我们能够在谈话中加入一些幽默，同样能够抓住听者的注意力。

有一位其貌不扬的培训师，每次在讲课开始时，都会做一个幽默的自我介绍："我这人长得很对不起观众，在很多场合刚向别人介绍我是某某，过一会儿就被人忘记了。今天，我先在这里正式向各位道个歉。当然，还是有一小部分人因为某种原因记住了我。而事实也证明，那些没有忘记我的人都是非常聪明的人，因为他们拥有非常惊人的记忆力。"

每次做完自我介绍，台下的笑声和掌声都会随之响起。而时隔多年，大部分听课的人都不会如他所说的"忘记"，反而能够清楚地说出他的名字和他在讲堂上说过的话。

幽默总是能够吸引人。当然，如果我们并不是善于讲笑话或者说一些幽默的话，那么我们也可以偶尔主动将话语权交给说服对象——没有人会在说话的时候还心不在焉的。这样，对方的注意力就算已经转走了，也会重新转回来的。

3

在餍足之前结束

很多人都有过这样的经历，初到一个地方时，会觉得一切都很新鲜，东看看、西瞧瞧，玩得很痛快，觉得收获也不小，就会希望在此长住。等住下来之后，却发现它并没有想象中美好，不禁有些后悔。这种类似于经济学中"边际效用递减"原理的心理，即为心理学中的"餍足心理"。

从心理学角度来说，人的诸多心理是建立在大脑神经联系基础之上的，而这个基础却有一个特性——重复的神经联系再次被激活时，只需更小的刺激量。也就是说，在相同刺激量的重复刺激下，人的反应会变得越来越快，相应地，主观感受强度就会变得越来越弱。这就像观看一部恐怖电影，看第一遍时，你会调动全部注意力，去感受其中的惊险刺激；而看第二遍、第三遍时，你的心理反应会越来越快，一个片段的恐怖感、刺激感还来不及被完全感受就会"一闪而过"。所以，恐怖片只在看第一遍时才会让你感觉到恐惧。

正是在这种餍足心理的驱使下，人们的注意力即使被最新颖、有趣的事物吸引，也还是会在一段时间后被别的刺激吸引。

我们不能改变这种心理，但是，却可以利用这一原理将沟通控制在最好的状态之内。

怎么控制呢？以下的故事可以给我们启示。

德鲁克曾在自己所著的书中描述过一位时间管理高效的人士，他是一家大银行的总裁。德鲁克每月都会与他会谈一次。为此，这位总裁特意把某月的某一天上午的 1.5 个小时定为"会谈时间"。

为了充分利用这 1.5 个小时，他每次在与德鲁克会谈之前，总是会事先做好充分的准备。在见到德鲁克之后，即开始就准备的议题与他进行讨论。在谈话时间将近1小时20分钟时，他就会提醒德鲁克时间快到了，需要约定下一次会谈主题了。之后，在1小时30分钟时，他就会站在门口与德鲁克告别。

对此，德鲁克不解：会谈明明很愉快，为什么每次都只能谈1.5个小时？一次，他提出了这个问题。

而总裁则回答说："我的注意力最多只能集中1.5个小时，一旦超出时限，我的注意力就会分散；但是，如果时间少于1.5个小时，那么重要问题可能就无法谈论清楚。所以，我就把会谈时间定为1.5个小时。由于之后我还有其他工作要做，所以我会将会谈的时间严格限制在这个时间内。这样，其他工作就不会因此被耽搁了。当然，在每次会谈之前，我都会关照秘书'在会晤期间不接任何电话'，这样，我们的谈话就不会被打扰，效率就不会受到影响。"

找到答案了吗？在一开始的交流中就观察说服对象注意力集中的时间，然后尽可能地将我们所要谈论的话题压缩在那个时间内，并确保在整个交谈的过程中没有其他刺激来扰乱我们与说服对象的注意力。这就是方法的关键。

4

被刺激干扰的记忆

需要说明的是，就算我们能够在说服的过程中让说服对象接收到我们所传达的信息，但并不能保证他一定能够记住所有的信息。

事实上，在很多说服活动中，说服对象的遗忘是令我们最为头疼的问题。比如，消费者在逛街时，即使导购员给予他们最为热情的招待，他们也常常会分不清刚刚去过哪家、看中了哪些商品、询问过哪些产品的价格、哪家的价格最合他们的心意，因而迟迟做不了购买决定。

这是因为他们的记性不好吗？不是，是他们所接收到的信息太多了，出现了"刺激干扰"的心理学现象。

早期研究记忆的理论学家认为，时间是影响记忆的关键因素，记忆总是会随着时间的流逝而消失。后来，心理学家们发现，刺激干扰也是引起遗忘的重要因素。

所谓刺激干扰，是指如果人们在对某一刺激做出某种反应之后，对类似的刺激又产生了新的反应，就会遗忘原有的"刺激—反应"联结。换句话说，在刺激干扰的作用下，新获得的信息会混淆人们对原有信息的记忆，甚至会引起遗忘。例如 2009 年 12 月 10 日，美国的《自然》杂志上刊登了这样一个利用刺激干扰来阻止恐怖记忆的实验。

纽约大学的伊丽莎白·菲尔普斯团队通过小白鼠实验证明，在小白鼠重新接触到唤起恐怖回忆的物体之后的 10 分钟至 6 小时内，它们的恐怖记忆能够被改变或者被重新巩固。

之后，菲尔普斯团队在人类志愿者身上进行了类似的研究。

首先，研究人员给所有的志愿者都制造了一个恐怖记忆——遭受电击，以至于他们一看到蓝色正方形，就会想起自己曾经遭受电击的恐怖情景。

10 分钟后，研究人员将这些志愿者分成两组，并对第一组的志愿者们进行了记忆干扰训练，第二组没有进行此训练。

之后，研究人员向两组志愿者展示了蓝色正方形。结果发现，第一组志愿者没有表现出恐怖的神情；第二组志愿者一看到蓝色正方形时，立刻就会流露出恐怖的神情。

一年之后，研究人员再次对这些志愿者展示了蓝色正方形。这时，第一组志愿者的表情与正常者无异，第二组立即流露出恐怖的神情。

由此，研究人员推断，刺激干扰训练可以阻断恐怖记忆。而且，菲尔普斯还明确地指出，这一实验的重点在于刺激干扰的时间间隔。如果把握住记忆最容易被编辑这个时间段，就能提升阻止恐怖记忆的概率。

这种干扰效应不仅能够阻断人们的某些恐怖记忆，还能解释消费者对品牌信息记忆过程中出现的问题。比如，消费者对品牌的遗忘。

2010 年 11 月，目前国内最大的两个客户端软件腾讯 QQ 和奇虎 360 为了各自的利益，展开了前所未有的互联网之战。

对于这场战争，众多网友对两家的评价褒贬不一，而不经常上网的人更是不明白两者之间的渊源。所以，在 QQ 和 360 的战火正旺时，有人在公交车站等车时听到了这样的对话：

一人问："360 不是做运动鞋的吗？怎么跟 QQ 掐了呢？"

他身旁的人回答："闲的吧。我也一直想不通，一个做鞋的和做汽车的闹腾个什么劲儿？"

注：360 是互联网的杀毒软件品牌；361° 是一个运动品牌。QQ 是腾讯网的聊天软件品牌，即腾讯 QQ；同时，QQ 也是奇瑞公司的一个轿车品牌，即奇瑞 QQ。

"一个做鞋的和一个做汽车的打起来了"一度成为 QQ 与 360 之争的一个大笑话。而这个笑话恰恰就说明了消费者对品牌遗忘的一个重要因素——品牌属性的刺激干扰。

我们知道，在销售活动中，消费者往往会根据品牌来组织产品的属性信息，而关于某个品牌或者相关品牌的额外属性信息会限制个人对原有品牌信息的回忆。比如，腾讯 QQ 使用了 "QQ" 这一词语，奇瑞 QQ 也使用了 "QQ" 这一词语，当说起 "QQ" 时，有人会想起 "QQ 聊天"，有人会想起 "QQ 汽车"。因此，品牌属性的刺激干扰现象，不管是对原有品牌还是相关品牌来说，都是一个损失。

5
在记性最好的时候传达信息

刺激干扰从表现上来看，可能并不是一个好现象，因为它会混淆说服对象的记忆，让他忘记原本重要的信息。然而，它也并非"百害而无一利"。它至少能够告诉我们，说服对象在什么时间的记忆力最强。

根据刺激干扰的原理，在早晨起床后，大脑中的旧信息还不曾被唤醒，如果我们能够在此时给说服对象输入新的信息，那么新信息就不会被旧信息干扰，说服对象就会清晰地记住新信息；同样的道理，在晚上临睡前，如果说服对象识记一些信息后就入睡，不再摄入新信息，那么最后摄入的信息就不会被抑制、被干扰，说服对象就可以记住临睡前的信息。

因此，我们应该能在刺激干扰效应最弱的时候给说服对象传递一些关键信息。比如，在他早上起床时就给他打个电话，或者在他临睡时跟他聊聊天。这样，他就能毫不费力地记住我们想让他记住的信息。

Chapter 10

第十章

怀旧情结

对过去时光的赞美，总是能引起人的共鸣。

1

一个拉赞助的好方法

有时候，如果我们能够唤起说服对象对过去的美好记忆，那么对方就可能会答应我们的说服要求。

一位热心童子军工作的先生，想让他的童子军参加欧洲举办的一个童子军大露营。为了筹备足够的经费，他向美国的一家大公司发出了请求。

预约到那个公司的总裁之后，他开始调查总裁的一些个人信息。由此得知一个信息：总裁曾经签出过一张百万美元的支票，在这张支票被退回之后，他就把它装入镜框，留作纪念。

随后，"童子军"先生在约定的时间走进总裁办公室。在见到总裁之后，"童子军"先生并没有提出赞助的事情，而是请求总裁让他观赏那张百万美元的支票。他说："我从来没有听说过有人开过这样一张支票，我要告诉我的童子军，我的确看见过一张百万美元的支票。"

总裁听他这样说，就高兴地把支票拿了出来。在他的羡慕和赞美声中，总裁津津有味地讲述了开出支票的经过。

之后，总裁主动问他："哦，你要见我有什么事？"这时，"童子军"先生才说出了自己的来意——请他资助一个童子军到欧洲的旅费。

听到这个要求，总裁毫不犹豫地答应了，甚至还主动提出资助5个童子军去欧洲，而且还邀请了"童子军"先生本人。随后，他就爽快地签下了一张外汇银行支付的凭证。

不难看出，这次说服的关键就在于那张百万美元的支票以及其背后的故事。因为它触发了这个总裁的怀旧情结。

2

每个人都有怀旧情结

有时候，人们对一个事物产生好感，并不是因为它本身有多么特别和美好，而是因为它触动了被埋藏多年的"怀旧"情绪。于 2010 年 10 月底爆红的网络短片《老男孩》就足以证明这一点。

2010 年 10 月 28 日，网络短片《老男孩》在优酷网上映，随后就以"病毒式"传播的速度席卷整个网络。据统计，《老男孩》在上映当日就获得了 30 万的点击量，第二天则上升到 70 万，以后每天都保持着 80 万的增长速度。

仔细分析，这个短片并没有什么特别之处。没有大明星、大导演，没有飞檐走壁的绝技，没有爆破的大场面，也没有悬疑的故事情节，只有大部分人在某个阶段的现实生活写照，如俄罗斯方块、掌上游戏机、色彩单调的校服、录像带、磁带、摩托罗中文传呼机、迈克尔·杰克逊的经典名曲《Billie Jean》、郑智化的《星星点灯》、韩宝仪的《粉红色的回忆》、郭富城的《对你爱不完》、李春波的《小芳》等老歌曲或片段。

正是这些过去的生活写照，让 70 后、80 后产生了无限的回忆和感慨；而"筷子兄弟"参赛时唱的那首歌《老男孩》，更是因其中的歌词引发了人们对曾经的爱情、梦想的回忆，而感动了剧里剧外的所有人。

也许有人会疑惑，80 后还很年轻，怎么会有怀旧情绪呢？其实，怀旧并不是老年人的专利，它与年龄无关。

我们知道，每个人都是在不断突破、创新中自我成长和自我实现的。而在这个过程中，不熟悉的、无法掌控的事物容易让人们产生压力感和无奈感。这时，人们就会期望进入一个心理舒适区——怀念过去，试图从过去的回忆中寻找一种安全感、依托感、信任感和温暖。虽然过去的回忆有快乐也有忧伤，但因为忧伤的事情已经成为永远的过去，不能再给现实中的人们带来任何伤害，所以人们在内心深处会感觉到安全；而且，还因为记忆的作用，忧伤被看淡，剩下的快乐便成为一种"可望而不可即"的美好。这就是"人们说起回忆，总是会想到'过去的美好时光'"的原因。

为了将现在的自己与"美好的回忆"联系起来，人们会时不时地做出一些与"过去"相关的行为。

有的成年人喜欢收集儿时的玩具；有的年轻人虽然已经走上了工作岗位，但却喜欢用类似于奶瓶的水杯喝水；有的人虽然已经成家，却还是喜欢在周末参加各种各样的同学聚会；40岁以上的中老年人喜欢向别人诉说他们年轻时的生活，喜欢吃传统的食品，喜欢看老电影；上山下乡的知青或者上过战场的战友，喜欢聚在一起谈论那些刻骨铭心的共同经历；在新中国成立前被卖到南洋的老华侨，虽然生活日益丰裕，但对于曾经被剥夺而失去的东西，总有很强的依恋感，因而喜欢在吃、穿、住、行上保留浓厚的中国文化的印记；通过数十年的奋斗而脱贫致富的人，虽然拥有不菲的身价，却总是留恋带有浓郁乡情和亲情的家乡小吃。

这些都是人们想方设法靠近心理舒适区的表现。

虽然人们对过去的怀念方式不同，但怀念的内容却大致相同——与现实形成反差。比如：小学生会怀念上学前不用写作业的日子；找工作的人会怀念曾经无忧无虑上学的日子；四处相亲的人会怀念纯真的校园爱情；等等。

需要说明的是，尽管每个人或多或少都有一些怀旧心理，但没有人真的希望回到过去。怀旧，只是一种情结，一种宣泄压力、缓解紧张情绪的方式。如果有一个事物能够迎合人们的这种情结，带领人们走入心理舒适区，那么它就会迅速走进人们的内心，正如《老男孩》一样。

所以，面对陌生的说服对象，我们要尽可能地从怀旧情结着手，让他产生安全感和熟悉感。

3 记忆里熟悉的味道

要唤起一个人的怀旧情绪，让他闻到或者想象出与过去相关的味道，是最好的方法。

美国的科学家针对小白鼠进行了一个有趣的实验。首先，他们让小白鼠在睡眠状态下"接触"一些特定的气味，如它们喜欢的食物的气味或者其他小白鼠的尿味等。而之所以选择小白鼠睡着的时候，是为了排除其他因素（如视觉、触觉等）对记忆的干扰作用。

几个小时后，小白鼠清醒了。研究人员发现，接触过那些特定气味的小白鼠，在闻到这些气味时，做出了异常的行为动作。

随后，研究人员又通过仪器检测了小白鼠大脑中负责记忆的部分，观察了相关理化数据的变化，进一步从微观的细胞水平验证了气味对记忆的作用。

由此，研究人员推断，睡眠中的小白鼠在接触气味时，大脑中的神经元接通了记忆的存储体，将它睡眠时闻到的味道输送并储存到了大脑中的特定区域。

这并不是关于气味与记忆的唯一实验。2004 年 10 月，法国上塞纳省卡尔什市医院的嗅觉治疗实验室表示，他们运用的气味疗法在帮助失忆者唤醒沉睡的记忆方面已经取得了初步的成效。

据这个实验室负责人帕迪·加娜克教授介绍，作为法国第一家嗅觉治疗实验室，该实验室拥有含有 237 种气味的"香味库"，如波涛汹涌的大海的气息、各种花香、糖果的味道、孩童的气息等"幸福的气味"和煤气、汽油等"危险的气味"。

对于任何一名患者，他们都会先对他的一些生活情况进行调查，如患者的生活环境、学习或工作环境、个人爱好、家庭背景、亲朋好友等，找出过去对患者有重大影响的事件和人，然后才会选择相应的气味来展开治疗。

比如，对于一位因大脑受到外伤而失忆和不能说话的 16 岁患者，医务人员用带有甜味的气味（因为他的童年刚刚结束不久，而他童年最喜欢的味道是甜味）来对其进行治疗。几个月后，他开始开口讲话，并逐渐恢复记忆。他说的第一个单词是一种面包包装上的小熊名字，而当时医务人员正拿着一片带有该种香味的试纸让他感觉。

这些实验结果无不说明气味能够唤醒记忆。这个结论也很好地解释了为什么我们的很多回忆都是与气味连接在一起的。比如，闻到桂花香就会想起妈妈，闻到栀子花香就会想起中学的生活，闻到苹果的味道就会想起小时候的某段生活场景，等等。

所以，如果我们能够带领对方到一个地方，让他闻到记忆里熟悉的味道，他的态度和情绪就很可能会变得积极起来，同时放下对我们的戒心。

菜肴的意义不仅仅是果腹

看到这里，也许有人会问：难道我们要邀请说服对象一起去餐馆吗？难道要在餐厅进行说服吗？

事实上，这样做并没有什么不妥。因为很多时候，饮食可以建立起陌生人之间沟通的桥梁。

中国第一次真正意义上参加世博会可以追溯到 1915 年的巴拿马太平

洋万国博览会。在中国展出的物品中，有一坛老酒——泸州老窖，但由于种种原因，并没有受到青睐。突然之间，一位年老的客人打翻了一些酒，很快，打翻的酒散发出的香味一下子在会馆中弥漫开来，引起了人们的关注，人们纷纷开始品尝。结果，泸州老窖征服了巴拿马。

事实上，对于现代人来说，在饭桌上展开说服并不是一件新奇的事情。如今，不管是聚朋会友还是迎宾送客，不管是为了联络感情还是洽谈商务，人们都喜欢用"一张桌子上吃饭""一张桌子上喝酒"来解决问题、达到目的。可以说，人们还没弄清楚饮食对说服的意义，就已经学会了用饮食来进行沟通。

那么，碰碰酒杯就能解决实际问题吗？研究证明，的确如此。

研究人员曾做过这样一个实验。首先，他们请两组参与者将自己对某一件事情的看法写下来；然后，又给这些参与者每人分发一份关于这件事情的报道，并告诉他们这是最权威的专家所写的。同时，研究人员还给第一组的参与者分发一些美味的果汁和精致的甜点，但对第二组什么都没有提供。大约十分钟后，研究人员再次请这些参与者表达自己对这件事情的看法。

结果发现，在第一组的参与者中，有96%的人在看过专家的报道之后迎合了专家的观点，改变了自己的看法；第二组的参与者即使仔细看了专家的报道，也没有改变自己的看法。

由此，研究人员推断，美味和思维有着密不可分的关系。一边享受美食，一边进行思考的人往往容易受到他人观点的影响，也容易被他人说服，而这就是在应酬中进行商务谈判容易取得成功的原因。

当然，有时候说服的场所可能并不是由我们来定的，我们也不可能决定那里空气的味道。所以这个时候，我们就需要通过语言唤醒对方对味道的想象，从而唤醒其美好的记忆。比如，一些餐馆就喜欢在菜肴的名字上使用一些怀旧的描述词，如"经典怀旧口味的意大利肉酱面""传说中的巧克力慕斯蛋糕""外婆炖的山竹鸡"等。这样的词语即是通过提及过去，让人联想到家庭、传统、民族的根源以及有益身心健康的事，从而引起人们的好感。

需要注意的是，并不是每个人都希望回忆起过去的。有一些人，他们对自己的过去并不满意，甚至是厌恶的。他们最希望的事情就是忘记过去，最害怕的事情就是回忆过去。对于这样的人，唤起其记忆，结果很可能会适得其反。

乔治曾经是一名天才运动员。在大学时代，他是篮球明星。他最大的愿望就是进入国际职业篮球联盟打比赛，但是一次意外的车祸却断送了他的职业梦想。

从此以后，乔治不知道该做些什么，他靠打短期工为生，没有固定的工作，觉得自己的人生离开了球场就没有了机会。但是，他又不愿意去做与篮球有关的事情。他藏起了当年的奖杯，拒绝靠近篮球场以及观看职业篮球赛。甚至，当年打球时经常喝的那个品牌的饮料，他也没再喝过——不是他喝不到，而是他不想喝。

所以，用味道或者别的方式去唤醒一个人的怀旧情绪，也要因人、因时、因地而异。

Chapter 11

记忆提示

　　一个人能想起什么，在于他的引导者
做出了什么样的提示。

1

当故意唤起不愉快记忆的时候

如果过去的回忆是不愉快的，那么当人们想起那段回忆的时候，就可能会出现消极的情绪和抵抗的态度。我们当然不能让说服对象对我们产生这样的情绪，但是我们却可以让说服对象对我们的竞争对手产生这样的情绪。

两个公司为了争夺一份 500 万元的电子设备合约，都向客户提出了非常有诱惑力的条件，但客户还是无法做出选择。

就在客户犹豫不决之时，其中一家公司的销售代表改变了策略。

首先，他调查了竞争对手的信用，发现对手公司经常在交易中以各种理由让客户缴纳额外的费用。

随后，他调查了客户的交易历史，发现客户有过被骗的经历，且损失巨大，甚至还让对方公司开除了几位负责人。

之后，他去拜访客户，在"不经意间"谈起了客户受骗的经历，客户的脸色顿时阴沉下来，甚至不顾身份，当场诅咒曾经欺骗他的人。

销售代表立刻安慰说："这些事情我们也遇到过。自那以后，我们会非常小心地选择合作对象，哪怕对方有一丝一毫的不良记录，我们都会更换其他的合作伙伴，因为这样比较安全。"

"那当然。只有傻瓜才会在一个坑里跌倒两次！"客户激动地说。

"因为都有过被骗的经历，我不忍心看到您再冒险，所以我会在今天晚上发给您一份真实可信的材料供您参考。这仅仅是作为一个朋友的提醒，您不必过于在意。"销售代表诚恳地说。

结束拜访回到公司后，销售代表将对手的种种"劣迹"一一记录、标志，并附上了受害者的联系方式，当夜发给了客户。

第二天一早，销售代表就接到了客户约谈合同的电话。

这个客户过去的被骗经历明明跟竞争对手过去的欺骗行为没有关系，为什么客户还会因此对竞争对手产生敌意呢？

这就是"选择性记忆"在说服活动中的应用——先通过重提客户曾经受骗的经历，唤起客户不满的情绪；再告知客户竞争对手的"劣迹"，引导客户将自己的"受骗"经历和竞争对手的"欺骗"事件联系起来，从而让客户在失望的情绪中否决对手。

当然，这并不是唯一的理由，更深层的原因在于失败记忆里的责任归属问题——在很多时候，人们总是会为自己过去的失败寻找一个"替罪羊"，从而把责任推给对方。所以，一旦人们找到一个推脱责任的时机，他们就会紧紧地抓住这个机会。

2

失败记忆里的责任问题

在失败的记忆里，即使问题的原因在于自己，人们还是会有意将责任推给他人。

有两个爱炒股的年轻人，因为炒股而成为朋友，常常聚在一起交流炒股经验。

可是一段时间后，两人的友谊似乎"破裂"了。

这是怎么回事呢？

原来，他们彼此都认为自己推荐给对方的股票赚了钱，应该得到感谢，但对方却连一句"谢谢"都不曾说过，是个"忘恩负义"的人。

都说"自己帮对方赚了钱"，那么到底是谁帮谁赚了钱？应该都有。可是，他们彼此只记住自己的恩惠而忘了对方的恩惠。

可以说，人与人之间产生的诸多误会大多是这种"记忆出错"的结果。

3

回想起来的，可能并不是事实

英国心理学家曾针对"记忆与事实"的课题做过这样一个研究。

首先，研究人员秘密地记录下了剑桥大学心理学会的一场讨论会；两周后，研究人员找到一些参加过那场讨论会的学生，请他们写下他们能够回忆起的任何关于那场讨论会的内容。

之后，研究人员将这些记录与原始记录进行核对。结果发现，学生们的回答几乎都省略了讨论过程中90%以上的细节内容；而在那些能够回忆起的观点中，超过50%的都是错误的；而且，他们还随意地添加了一些原本并不存在的意见，将一些简短的谈话描述成冗长的演说，或者那些原本隐含的意思回忆成明确的意见。

这个研究的结果告诉我们，我们的大部分回忆都与事实有所差异。

不仅如此，记忆研究人员伊丽莎白·洛夫托斯也做了很多关于记忆的实验，而这些实验几乎都显示一个结果：人们往往拥有错误的童年记忆。

在一项著名的研究中，洛夫托斯给年龄18～35岁的被试者派发了一本记录了他们童年真实故事的小册子——这些故事是从他们的家属那里获得的，不过，在每一个被试者的故事里，洛夫托斯还加入了一个"5岁时在购物中心走失"的假情境。之后，洛夫托斯及其同事开始对这些被试者进行一对一的访谈。在访谈中，29%的被试者信心十足地以肯定的语气讲述了自己 5 岁时在购物中心走失的情形。

而且，心理学教授艾勒·海曼在另一项以大学生为被试者的研究中也得到了类似的结论。

艾勒·海曼发现，当受访学生有时间思考童年发生的事件时，他们更可能在第二或第三次访谈中"回忆"起一些不存在的事情。

当海曼第一次询问他们是否记得他们年幼时在一次婚宴上把一杯酒打翻的时候，他们都说不记得这样的事情，或者没有发生过这样的事情。但是，在几天之后，海曼再一次询问他们同样的问题时，居然有 25% 的人记起了婚宴事件，甚至一些人还向海曼进行了详细描述——"那是一场户外婚礼。我们当时开心地跑来跑去并打翻了一只酒杯，酒洒了一地，当然，我们挨骂了。"

那么，记忆为什么会偏离事实呢？

很多人都以为，人们的大脑里有一个储存库，所有经历过、感受过的事情都被储存在那里。平时，人们只存不取，这是"记"；在需要时，人们就会依靠某些信息将所需要的信息从储存库中提取出来，这就是"忆"；有时，储存库会因为某些原因遗漏一些信息，人们便会忘记一些事情，这样就产生了"记忆偏差"。

然而，心理学家在一些研究中证明，以上就"忆"的说法是不完全正确的，"忆"并不是产生于对事物的感知阶段，而是重建于人们提取信息的瞬间。在重建时，人们会借助一些重建材料，如逻辑判断、与过去认知相关的信息等，并用这些材料来填补某些在储存时没注意到的缺失细节，这样就产生了与事实有所偏差的"记忆"。

心理学家迈尔斯所设计的一个验证"记忆重建性"的实验可以让我们对"记忆偏差"体验得更加深刻。

闭上眼睛，回忆一个你经历过的愉快事情的场景（在你的脑海还没有重现这一经历之前，请不要阅读下面的话）。

在这个场景中，你看见自己了吗？

很多人都说看见了自己，甚至还能描绘出自己的服饰、表情。然而，一旦人们在这样的回忆中看见了自己，则表明这个场景并不是真实的，而是你重建的。毕竟，你不可能在原始经历中看到你自己。

4

情境也可以唤醒记忆

既然记忆与事实不一样，是可以重建的，那么怎样才能让说服对象按照我们所希望的样子进行回忆呢？一个有效的方法是情境提示。

销售员："我有一个救生圈要卖给您，您准备出多少钱呢？"

客户："救生圈？我根本就不需要。"

销售员："既然这样，我们换一个环境。如果有一天您乘坐游船去海上旅行，不巧的是突遇风浪，船舱进水，船体在慢慢下沉，这个时候您愿意出多少钱来买这个救生圈呢？"

客户："如果那时真的有一个救生圈的话，我愿意花掉我所有的钱去买，因为这关乎生命！"

销售员："但事实是，在那样一个条件下，根本就不会有人向您出售救生圈，不是吗？我们必须要在灾难发生之前就做好所有的准备，而购买保险也是这个道理。"

客户沉默了。

销售员继续说道："前些天的新闻报道中说，那些遭遇意外的人，都是没有做好准备的人。"

客户："你说的有道理，那我买一份吧。"

可见，什么样的情境提示，会唤醒什么样的记忆。

当然，这并不意味着只有不愉快的记忆才会对说服有用，令人感动的记忆同样会促成人的行动。

销售员："您看这把吉他是本店性价比较高的一把，做工精良，声音厚实圆润，很多吉他迷都非常钟爱这一款呢！"

客户："这把琴虽然很漂亮，但是我不会弹吉他。"

销售员："这个就要看您的个人爱好了，放松的时间如果能弹一段吉他，也是一种享受。而且吉他算是一种很好学的乐器，很多吉他高手都是自学成才的。您如果有兴趣的话，不妨尝试一下。试想，如果您周末带着爱人去郊外，并在美景之中自弹自唱，是多么惬意的一种享受啊！"

客户："的确很让人向往，这款吉他适合新手使用吗？"

销售员在介绍了产品的性能、优点之后，向客户描绘了一幅梦幻般的图画，营造了极佳的销售气氛，以此触动了客户的内心，激发了对方的兴致和购买意愿。

所以，在说服的过程中，我们需要用情境来暗示对方一些什么，以唤起对方的记忆。

5
向对方暗示潜在的隐患

如果我们要说服对方接受的事情是规避风险的，那么我们就需要用暗示来唤起对方的隐患记忆。

原一平是日本有名的保险推销大师。有一次，他来到山本先生家中推销保险。山本先生完全有购买家庭保险的能力，并且他对家人的关心也是众所周知的，然而当原一平劝他投保时，山本先生总是提出异议，并以一些琐碎无意义的理由拒绝。原一平意识到，如果不用点好对策的话，这次销售很有可能会以失败告终。

于是，原一平说："您不愿意购买这种保险，可能是因为您认为这个险种不适合您。我这儿有一种叫作'29天保险'的险种，不知您是否感兴趣。"

山本先生显然对这个名字奇怪的险种很好奇，问道："这是什么保险方式呢？"

原一平解释道："'29天保险'与我刚才向您介绍的险种相比，赔付条件、赔付金额和期满退还金是完全一致的，不同的是，你只需要花刚才那套险种50%的费用。"

山本先生惊讶地问道："只花一半的费用？怎么会这样？"

原一平说："的确只要一半的费用，但每个月您受保的日期只有29天，剩下的一天或两天不能享受保障，这个日期您可以在当月自由选择。"

山本先生说："那也不错啊，反正就只有一两天而已，我待在家里就好了。"

原一平不慌不忙地答道："根据统计数据表明，家庭是最容易发生危险的地方。"说完，原一平递上了一份统计资料，山本脸上的表情凝固了。

原一平继续说："这样的保险方式，会让人担心如果真的是在没有保障的那一天发生意外怎么办？这种事情当然是可能发生的。所以，我们公司并不提倡这种保险方式。现在，我相信您已经认识到了正常保险的意义。拥有了正常保险，您不管在何时何地，都会享受到安全的保障，您的家人也会受到这种保障。这才是您所希望的吧？"

山本先生点了点头，最终购买了全套的家庭保险。

这种策略是通过反向说明来触动客户内心的，适用于满足人们安全或健康的产品。我们可以善意地提醒说服对象，如果不及时购买此类产品或定制此服务，那么就有可能失去重要的安全或健康方面的保障。

6 | 向客户暗示会失去某种益处

如果我们的说服内容并不具备规避风险的功能，那么我们就需要向对方暗示不接受劝说的损失——可能会失去某种好处。

销售员："先生，这条项链是我们今年的新款，而且其中蕴含了非常吉利的寓意。您看这外圈的葫芦形状，与'福禄'谐音，象征着幸福和爵禄，而其中内嵌着竹子，象征着节节高升。这样一条精美的项链，送给您太太应该是再适合不过了。"

客户："可是我的夫人只是个家庭主妇，她应该对这种东西不感兴趣。"

销售员："爱美之心人皆有之，没有女人会不喜欢首饰的。再过几天就是情人节了，如果您不能为太太送上一件有意义的礼物，她可能会感到失望的。如果您送给她这样一份礼物，她即使不需要，也会感觉到你的心意，必然会十分高兴。为什么不给她这样一个惊喜呢？"

客户："嗯，说的有道理，我是该给她一个惊喜了。好，那么我就买下吧。"

有时候，人的行动是为了规避风险；有时候，却是为了获得益处。迎合说服对象的这些愿望，我们的说服过程就会变得容易许多。

Chapter 12

第十二章

完形优先心理

往往是一句简单的提示，可以引发完整信息链条。

1

怎么让人主动破除惯例

有时候，我们在对他人进行说服的时候，会遭到这样一个拒绝的理由：我没有……的习惯。当被这样的理由拒绝时，我们最可能想到的就是"说服他是不可能的"。真的如此吗？

一个星期五的傍晚，一个名叫费尔南多的穷销售员抵达一座小镇。由于太穷，他吃不起饭店的晚餐，也住不起镇上的旅馆，只好来到犹太教堂，请求执事为他介绍一个能够提供安息日（安息日是指从周五下午日落开始，到周六下午天空中出现第一颗星星时结束的时间）食宿的家庭。

执事翻看了记事本，告诉他只剩下开金银珠宝店的西梅尔家还没有人留宿，不过西梅尔一向不肯收留穷人。

尽管留宿在西梅尔家并不容易，但费尔南多并不想露宿街头，还是向西梅尔家走去。

在西梅尔家门前敲开大门后，费尔南多就将前来开门的西梅尔拉到一个角落，从衣服口袋里取出一个砖头大小的布包，神秘兮兮地说："砖头大小的黄金能卖多少钱呢？"

西梅尔眼睛一亮，正要开价，忽然想到安息日已经开始，不能再谈生意（按照犹太教的规定，安息日全天不可做生意），但又舍不得让这笔送上门的大买卖落入别人手中，就再三请求费尔南多在他家住宿，以便在星期六晚上再谈。

于是，在整个安息日，费尔南多都受到盛情的款待。

星期六夜晚，西梅尔满面笑容地请费尔南多把"金子"拿出来，以便估价。这时，费尔南多才故作惊讶地说："我这么穷，哪有什么金子？我不过想知道砖头大小的黄金值多少钱而已。"

这是一次打破习惯的成功说服。这次说服是怎么完成的? 原因就在于人的"完形优先心理"。

在这个故事中, 费尔南多向西梅尔提及的只是事情的一部分, 丝毫没有提到自己有那么大一块金子, 更没有说要与西梅尔交易。但是, 西梅尔却依据已经接收的客观信息 (被询问"砖头大小的金子可以卖多少钱"), 进行一些自认为"合理"的推想, 认为费尔南多可以给自己带来利益, 从而展开一些实际行动 (请费尔南多留宿, 并给予盛情款待)。这与认知心理学中的"完形优先效应"几乎如出一辙。

2 完形优先效应

什么是完形优先效应呢?

完形优先效应是指对于未完成的片段, 人们倾向于根据过去的经验, 将其理解为一个完整的、有个人意义的信息。例如, 拿一个有缺口的圆让人猜测其形状, 绝大多数的人都会回答说: "这是一个圆。"这是因为, 人们会根据自己所知道的形状填补这个缺口。

完形优先效应可以在卡尼莎的错觉轮廓中得到验证, 如图 12-1 所示。

图 12-1 卡尼莎的错觉轮廓

在图 12-1 中，虽然白色三角形的绝大部分轮廓并不是真实存在的，但是观察者仍然可以清楚地感知到位于三个黑色圆圈前面的三角形，而且，人们的视觉系统也会因为知觉到一个白色三角形而确信三个部分缺失的黑色圆圈的存在。

除了图形，人们对其他不完全事物的认知，也会受到完形优先效应的影响。

假设你正在一条从来没有走过的路上行驶，路的两旁种有一些高大、茂盛的杨树。沿着这条路走，你看到一个岔路口。其中，右边的路口旁立着一个标杆，标杆上有一个八边形的红色标志，上面写着白色字母"ST_P"，树枝和树叶把"T"和"P"之间的部分遮挡了。这时，你会想到什么？会怎么做？

绝大多数人都会从自己的这些感觉中建构一个"禁止通行"（"STOP"）的路标，并相应地做出反应——原路返回，或者向左边的岔道驶去。

可见，在完形优先效应的作用下，人们即使只获得了部分信息，也会做出较为完整的解释。之所以会有这样的认知，是因为人们对事物的认知并不是独立的，而是依据一定的规律来进行判断的。

3

整体与局部

我们知道，在一幅水彩画中，每种颜色都是这幅画的一部分，如果单独看某一种颜色的话，我们并不能全面感受这幅画的美妙之处，只有把所有的颜色归为整体，才能感悟到画的美及其意义所在；在音乐中，每个音符都是一首曲子的一部分，这些单个的音符并不能让人们感受出它的美妙，只有这些音符被当作整体弹奏出来时，才能让我们得到听觉上的享受。

所有这一切都告诉我们，人们倾向于从整体的角度来认识一个事物。

这就意味着，如果人们发现一个事物的局部发生了改变，那么人们对它的整体感觉也可能会发生改变。一旦如此，人们就会为了整体上的协调而改变这个事物的其他部分。18 世纪的法国哲学家丹尼斯·狄德罗的故事让我们对此有更为深入的理解。

一天，狄德罗的朋友送给他一件质地精良、做工考究的长袍，狄德罗收到后非常喜欢，立即换下旧袍，穿上新袍。

可是，当他穿着华贵的新袍在屋子里走来走去时，却感觉到了一种不协调——家具破旧不堪，室内的装修风格太过庸俗，地毯不够精细，针脚也粗得吓人。

于是，狄德罗在拥有了新袍不久，就重新装修了卧室、书房和客厅；扔掉了旧家具，换上了时髦的新家具。

重新布置后，房子总算与新袍相配了。屋子里所有的一切看起来都协调了。他很满意。

当然，不久以后，他就发现自己被新袍胁迫了。于是，他把这种感觉写成了一篇名为《与旧袍别离之后的烦恼》的文章。

到了 20 世纪，美国哈佛大学经济学家朱丽叶·斯格尔根据狄德罗的这篇"长袍"文章，在《过度消费的美国人》一书中提出了一个新概念——"配套效应"，专指人们在拥有了一件新的物品后，在遗憾中不断地配置与之相适应的物品，以消除这种遗憾、达到心理平衡的现象。

可见，人们有时会为了某一个局部的变化而改变对整体的看法，从而改变这个事物的其他部分。

4

接近律

在对整体有所了解之后，人们才会去观察局部。虽然每一个局部都是独立的，但人们还是会按照一定的规律来认识各个局部。这个规律就是接近律。

所谓接近律，是指在其他条件相同时，人们根据信息各部分彼此接近或邻近的程度而进行组合或加工。

在认知事物的时候，人们会理所当然地认为，各种信息之间总是按照某种规律存在着。一旦出现某种刺激，人们就会有意或者无意地应用这样的规律，如图 12-2 所示的线条。

图 12-2　线条

很自然地，和多数人一样，我们会把第一条垂直线看成单独的一条线，而把第二条和第三条、第四条和第五条分别看成整体，但实际上它们没有任何不同，均是单一的一条垂直线，只不过人们习惯把它们有所分类、有所区分，所依据的正是接近律。

当一个人拿出自己初中、高中、大学的毕业照让某个朋友看时，他的朋友会从中找到他，并且会相应地猜测他所在位置周围的几个人是与他关系要好的几个朋友。原因很简单，并不是因为对方知道这几个人与他关系要好，而是因为对方自动把他周围的人组合到了一起，这正是空间上的接近性的选择。

透过照片中空间上的接近性，人们不仅打开了沟通的话题，同时也无意中使用了接近律的原则。

当提起天安门时，人们自然会把其附近的故宫、人民英雄纪念碑等联系在一起；当按一定的时间间隔发出一系列的轻拍声时，时间上接近的某些声音就比较容易被人们记住；当人们在广场上散步时，举目望向整个广场，会自动将某些人归为一类，如那三个围在一起的人，那四个并排坐在一起的人，又或者即使某个人坐在某几个人旁边，但人们依然能确定他不属于这几个人；等等。

人们在接近律的影响下加工着自己所接受的各种刺激，并也在刺激出现时主动运用着这一规律，即指导着自己与其他人、事、物的沟通。

不过需要说明的是，根据接近律而自动组合在一起的信息很可能会成为误导，从而让人们对事物做出错误的解释。

有一个摄影爱好者喜欢随意抓拍一些人、事、物。一天，她想抓拍一些反映恋人间真情实感的照片，便走到大街上，看着过往的人们，开始找那些恋人来配合。她想，相携而走的人一定是情侣，按照这种想法找了几对恋人，也照了相。

后来，她又看到两个人一左一右笑着聊着走来时，便同样走到人家跟前问了起来。结果，对方非常不好意思地说了一句"我们不是情侣"，并随即分开很大的一段距离继续往前走了。

案例中的摄影爱好者就是根据人们彼此距离的远近而做出判断的。结果明确地告诉我们，这种判断方法并不总是有效的。

像这样，面对所接受的刺激，受空间、时间距离上的影响，人们表现出了不同的加工模式。而结果有可能受其利，也有可能受其害，即影响着人们随后的沟通效果。所以对信息进行加工，可以发挥接近律的作用，但应有所区分。

5

相关性

在对整体和局部都有所了解以后，人们对事物的认知、分析和判断是不是就会停止呢？答案可能是否定的。因为有时候，人们会根据一些事物联想到另外一些"与之相关"的事物，这就是相关性。

通常情况下，相关性因相关程度可分为完全相关、不相关和不完全相关，具体内容如下：

（1）完全相关，即一个事件完全由另一个事件演变而来。两者是紧密联系的，当得知其中一个事件时，另一个事件就可以依据某种规律推断出来。

（2）不相关，即两个事件是彼此独立、互不影响的。一个事件出现，不管在什么情况下，都不会引发另一个事件。

（3）不完全相关，即两个事件介于完全相关和不相关之间。要从一个事件推断出另一个事件，人们就需要确定它们之间的演变规则。演变规则判断错误，推论结果也会发生错误。

在现实生活中，完全相关和不相关是很少存在的，世间万物总有千丝万缕的联系，因而多属于不完全相关的关系。尽管如此，人们却常常将不相关或者不完全相关事件看作相关事件，在不确定其中的演变规律时，就对其做出推断。例如，洛伦·查普曼和琼·查普曼曾设计了一个关于相关错觉的实验。

首先，洛伦·查普曼在大屏幕的左右两侧向被试者展示了一些词语组合，如"熏肉—老虎"。其中，屏幕左侧总是出现诸如熏肉、狮子、花等单词，而屏幕的右侧则会出现老虎、鸡蛋、笔记本等单词。两侧单词的组合是随机的，也就是说，左侧出现"熏肉"，右侧可能出现"老虎"，也可能出现"鸡蛋"或者其他单词。

如此展现数十次之后，研究人员询问被试者："当左侧屏幕出现'熏肉'（或其他单词）时，右侧屏幕可能会出现什么，出现的概率为多少？"

虽然右侧每一个单词配对出现的概率是一样的，但是几乎一半的被试者还是认为，当左侧出现"熏肉"时，右侧出现"鸡蛋"的可能性更大；当左侧出现"狮子"时，右侧出现"老虎"的可能性最大。

也就是说，在这个实验中，人们认为在语义上存在联系的词语之间存在着"相关关系"。当然，实际上，两者是不相关的。

之所以产生这样的误解，研究人员认为是"易得性"直觉的作用，即因为明显的或突出的含义（如"熏肉"和"鸡蛋"都是食物；"老虎"和"狮子"都是动物）更容易被人们记忆，因此人们在提取这些信息时会高估他们出现的概率。

与观察到根本不存在的相关相反，人们还会对一些现实存在的相关视而不见。前者多因为人们期望两个事件之间存在相关关系；而后者却是缺少这样的期望。这样一来，即使两者之间存在很强的联系，其中的相关关系也会被人们忽略。例如，吸烟与肺癌之间的关系，即使已经被证实，但对吸烟者来说，却依然是不存在的。

这就是期望与判断的作用。如果一个人的判断是基于他的观察，那么其中的相关关系很可能被低估；如果是基于期望，则可能被高估。

6

潜在需要的挖掘

那么，这些道理对说服有什么意义呢？一方面，可以帮助我们了解说服对象对事物的认知（如开篇的案例）；另一方面，可以提示我们引导出说服对象的潜在需要。

　　有一位衣着讲究的男士到一家名为"应有尽有"的百货公司帮妻子买洗衣粉。一位新来的销售员在将洗衣粉递给他的时候，说："我真同情你的妻子，好不容易熬到周末，还要做家务。可是，你为什么不给她一个惊喜，带她去钓鱼呢？"男士觉得有道理，但因为从来没带妻子钓过鱼，不知道该准备些什么东西，只好征询销售员的意见。

　　销售员提醒他需要准备两只鱼钩，于是讲解了小号鱼钩、中号鱼钩和大号鱼钩的用途。男士觉得自己好像都需要，就买了两套3个型号的鱼钩。之后，销售员告诉他要钓鱼还需要准备鱼线，并推荐了小号、中号和大号三种型号的鱼线。男士同样接受了销售员的推荐。

　　后来，销售员了解到男士打算到海边钓鱼，就提议他买条船，并带他到卖船的专柜参观，展示了一艘长20英尺、带有两个发动机的纵帆船。男士很喜欢这艘帆船，但是却说自己不能买，因为他的大众汽车拖不动这么大的船。销售员告诉他不用担心，并带他来到汽车销售区，请他看一辆丰田新款豪华型"巡洋舰"。男士对"巡洋舰"很满意，最终付了30万美元，买了销售员推荐的所有商品。

　　除了洗衣粉，男士所购买的其他商品都不是必要的，但是他却相信那些都是他的需要。他之所以能够在销售员的暗示下形成这样的认知，是因为销售员的每一个暗示都是符合认知规律的。

　　所以，如果我们对事物的介绍能够符合说服对象的认知规律，那么他们或许就会更加容易接受我们的说服。

Chapter 13

情绪传染

没有人会拒绝笑容。人与人之间的距
离，有时只是一个笑容的距离。

1 为什么要辞掉他

一位做广告业务的老板最近辞退了一位性格冷淡的设计师，理由是"他整天绷着脸"以及"凡事总往坏处想"——"看到他我就感到有一块大石头压着我，我非常强烈地感受到他正在吞噬我的积极能量，笼罩着我的是乌云和阴霾，就像某种不幸正在一步步逼近我。"

此后，这位老板招人的第一原则就从学识和经验改为：是否积极看待事物。如果答案是否定的，那么应聘者即使再有才华，也不会被录用。

这是一种性格歧视吗？我们可以做出这样的理解，但是也要认识到深层的原因——情绪是可以传染的，而没有人愿意感染他人的消极情绪。

2 我们都是情感导体

在生活中，我们经常会碰到类似的情况：在看电视时，很多人会跟着电视人物的情绪游离，电视上的人哭，看电视的人也会流泪；电视上的人笑，看电视的人也会释怀大笑，仅仅是目睹别人的情绪反应便影响到了自身的情绪。在工作时，身边同事高涨的工作热情会激励我们，而如果处在同事不断的抱怨与其他消极情绪的包围中，我们的情绪与工作热情也会随之受到影响；我们还会看到，一个热络的头脑风暴会议会被少数几个总爱怨天尤人的同事搅得前功尽弃，他们仅需几句泄气话，就能将消极情绪传染给大家，甚至能影响到好点子的诞生。

这就是情绪传染的作用。可以说，情绪传染是我们情绪产生的一个重要途径。

心理学家巴萨德教授曾将人视为"情感导体"，因为人们在相处、工作、交往时总会带着各自的情感因素，包括性格特点、心情和情绪，乃至情感经验。这些表现出来的情感因素，尤其是情绪，会像瘟疫一样，由一个人传染给另外一个人。美国洛杉矶大学医学院的心理学家加利·斯梅尔的实验证明了这一点。

加利·斯梅尔将一个乐观开朗的人和一个整天愁眉苦脸、抑郁难解的人放在一起，不到半个小时，这个乐观的人也变得郁郁寡欢起来。

随后，他又做了一系列实验，结果证明，包括喜、怒、哀、乐在内的所有情绪都可以在极短的时间内从一个人身上"感染"给另一个人，这种感染力速度之快甚至超过一眨眼的工夫，而当事人也许并未察觉到这种情绪的蔓延。

可见，我们的情绪并不完全是由自己主宰的，总是会或多或少地受到别人情绪的影响。当然，我们的情绪也会在不知不觉中影响着他人。这样的结果就是，我们可能会在不经意间接收到别人的坏情绪，也可能会在不经意间把情绪传染给他人。

这个过程虽然是"不经意"的，但结果却可能是对我们无益的，因为接收到我们坏情绪的人们，可能会对我们心生厌烦。毕竟，谁愿意被他人的坏情绪赶走自己的好心情呢？

当然，如果我们能够把自己的好情绪传染给他人，那么他人也必然会更加喜欢我们。心理学中的"热情效应"即是证明。

3

热情的中心性品质

心理学家所罗门·阿希曾做过这样一个研究。

在实验中，被试者被分为两组，阿希向他们呈现描述人格特征的以下两组词语：

第一组：热情、聪明、熟练、勤奋、实干、谨慎。

第二组：冷酷、聪明、熟练、勤奋、实干、谨慎。

然后，让两组被试者根据这一描述分别进行评价，即根据所描述的人格特征词来判断这个人如何。

十分钟后，被试者陆续完成了评价。结果发现，尽管两组词语中的描述仅有"热情"和"冷酷"上的不同，但两组被试者的评价却不大相同：第一组被试者评价这个人非常好，并且不假思索地用各种优秀的品质来赞赏他；而第二组被试者的评价却极为恶劣，同样地把各种恶劣的品质赋予了他。

对于这样的结果，阿希感到非常震惊——仅仅是因为"热情"或者"冷酷"，人们就可以"肯定一个人"或者"否定一个人"！

由此，阿希得出这样一个关于人际交往的真理：在与他人沟通的过程中，人们并不会绝对公平、绝对准确地看待一个人——其中某些特征比另一些特征更能影响人们的判断，而"热情"就是一个人所有品质中位于最"中心"的一个。

这个研究告诉我们，在说服过程中，如果我们的表现是热情的、积极向上的，那么我们就会因为获得了他人的好感而提高说服的成功率。

33岁的私家侦探马文是一个幸运得让人羡慕的人，因为他总是能够实现自己的抱负，即使可能性非常低。

在上学的时候，马文没有通过学校的木工课考试，不过却到一家大型造船厂当了木匠。原因很简单，马文相信自己能够获得这份工作，在木匠的面试过程中，也表现了足够的活力和希望，面试官被他的热情所征服，便给了他这份工作。

后来，马文开始对私家侦探这个职业感兴趣，就辞了木匠的工作，打算做一名私家侦探。

不过，他没有受过任何正规训练，也没有任何哪怕一点点相关的经验。即便如此，他还是给他所生活的城市的所有私家侦探社写了求职信。结果，当然毫无回应。

但是，他没有因此就放弃，而是穿上自己最好的服装，来到当地最大的侦探社。幸运的是，他走进去的时候，侦探社的老板正好站在大厅，于是他们两个人开始聊天。几个小时之后，马文离开。而在此之前，他已领了签署过的入职文件、拿到了名片——他得到了这份工作。

可以说，马文的成功，并不在于他的知识和经验，而在于他在与人交往时表现出的热情和积极的信念——这能让人感觉到他的决心，同时对他产生一种信任。

马文并不是个例。如果留心观察身边的人，我们也可以发现，那些幸福的人往往是充满热情、满脸笑容的人；那些受到公司领导器重的人，也都是热情、积极向上、乐观的人；那些让人敬重、爱戴、有大家风范的人依然是充满热情、乐观开朗的人们，而不是与所有这些相反的冷酷、不合群、冷僻的人。

所以，不要因为说服受到了阻碍而愁眉苦脸，否则你的说服过程会更加艰辛。微笑，然后向说服对象传递你的热情和积极信念，说不定他就会改变主意。

4

今天你微笑了吗

只是微笑就够了吗？或许不够，但微笑是成功的前提。

旅店帝王希尔顿尚且一文不名的时候，他的母亲就告诉他，必须寻找到一种简单容易、不花本钱而行之长久的办法去吸引顾客，方才能成功。希尔顿最后找到了这样东西，那就是微笑！——依靠"今天你微笑了吗"的座右铭，他成为世界上最富有的人之一。

这并不是一个夸张的例子。心理学研究表明，微笑是最有感染力的交际语言，是放之四海而皆准的"人际交往的高招"。

在人际交往中，表情通常扮演着重要的角色。面对一个真诚的、充满热忱的表情，与面对一个苦恼的、紧绷神经的表情，会给人带来截然不同的情绪反应。

心理学家曾做过一个实验：在纸上画两张图，如图 13-1 所示。

图 13-1 表情图

当盯着☺（笑脸）连续看一分钟，再痛苦的人，情绪也会得到改善和提升；而盯着☹（苦瓜脸），他会受到极大的暗示，不管刚刚多么兴奋，一分钟之后，情绪也会开始低落。

同样，研究人员选择了一些不同表情的面孔图片，包括微笑、皱眉、把脸转到一边以及直视观察者。他们让苏格兰斯特灵大学和阿伯丁大学的

460 名受访者看这些图片，然后让他们对这些面孔的吸引力进行评级。结果显示，直视观察者且保持微笑的人最具有吸引力，尤其当这张脸属于异性的时候，这种吸引力则更强。

所以，心理学认为微笑是接纳、亲切的标志。一张笑脸能给人安心的感觉，也就是说，当我们微笑时，等于告诉对方"我喜欢你""我对你没有敌意"。只要我们常微笑地看着对方，对方就会与我们产生共情，体会到我们的快乐，更愿意与我们接近。无疑，微笑为我们的个人吸引力加了分，这便是"笑脸"的魅力。

5

给自己制定一个微笑的任务

也许有人并不喜欢对人笑——因为那意味着"不庄重"。所以，出于某种原因，如为了维护自己的权力，或者让自己看起来有威严，有的人习惯在面对他人时紧绷着面孔。殊不知，这样的表情会被人看作"冰块脸"，并做出拒绝与之交往的决定。

一家企业的总经理经常接到员工这样的举报信：某某部门经理总是眉头紧锁，这给员工造成很大的心理压力，导致工作效率直线下降。一份举报信还这样写道："2 月 19 日部门会议前，由于生产部经理孙某的面部表情僵硬，几名员工等在办公室门外，不敢进入。"

鉴于这样的问题，总经理专门召开了一次中层以上的部门经理会议，在会上，他宣布道：曾经有一份调查显示，"老板不笑，员工烦恼"。职场中的领导在上班时表情不佳，会直接影响到员工的情绪与工作积极性。因此，公司内部中层以上的领导，在工作中要保持良好的表情，使整个办公环境保持一种愉快的气氛。

在这次会议上，总经理还做出新的规定："上班表情不佳，影响到部门员工工作情绪的每次扣罚 10 元。"

针对这一规定，许多部门经理感到哭笑不得，认为有些强人所难。但无奈，由于牵涉个人利益，许多人开始有意识地注意这个问题。一段时间下来，不仅部门经理感到微笑让自己感到身心愉悦，而且员工的情绪也大为高涨，工作积极性也有了很大的提高。

公司的新规定看似有些荒诞，但有很大的正面效应。

笑容有一种感染人的积极力量，能够传递出友善的信息，并让人产生信任感。所以，在与人交往的时候，尤其是与陌生人交往的时候，我们要尽可能地展示我们的微笑，以传达友善，收获信任。

6

让坏情绪在你这里停止

有时候，我们会不知不觉地接收到一些坏情绪。若是如此，那么就让坏情绪在我们这里停止吧。只有这样，我们乐观、积极的形象才不会被损害。

怎么消除坏情绪呢？以下这个故事可以给我们启示。

在古老的西藏，有一位叫爱地巴的人。他有一个很有意思的习惯，每当与他人生气要起争执的时候，他便会以最快的速度跑出家门，绕着自己的房子和土地跑三圈，然后坐在田地边喘气。他的这一习惯一直保持着，即使他后来变得很富有，房子和田地都越来越大了。很多人都会问爱地巴为什么他每次生气时会跑三圈，而爱地巴却笑而不答。这一问题直至一日才有了答案。

爱地巴已经年纪很大了，而他的房地也日渐宽广。这日，他遇到一件让人生气的事情时，便拄着拐杖艰难地绕着土地和房子走，等他好不容易走完三圈，夜幕已经降临，爱地巴独自坐在田间喘气。他的孙子在身边恳求他："阿公，您能否告诉我这个秘密，为什么您每次要生气时就要绕着土地跑圈呢？"

爱地巴禁不住孙子的恳求，便吐露了多年的秘密。他说："年轻时，我碰到生气、吵架之类的事情时，就绕着房地跑三圈，边跑边想，我的房子这么小，田地这么少，我哪有时间和资格去跟人家生气，一想到这儿，我的气就消了，于是把所有的时间与精力花在工作上。"

孙子又问："阿公，如今您已经成了很富有的人，为什么还要绕房地跑呢？"

爱地巴笑着说："我现在还是会碰到让人生气的事情啊，这时我绕地走三圈，边走边想，我的房子这么大，土地这么多，我又何必跟人计较呢？想到这儿，气就消了。"

有时候，思维决定了情绪。因为引起我们内心冲突，让我们感觉生气、愤怒、紧张、不安的事情，多是源于我们对它的思考方式——我们正以一种不真实的或夸张的方式看待它们。比如，我们在试图改变它或者控制它、对它产生了偏见、对它期望过多，等等。如果我们能以局外中立观察者的身份来考察这些情景，可能就会发现事情根本不是所想象的那个样子，我们根本没有必要发怒。

所以，如果想要让坏情绪在我们这里停止，就要换个角度——积极的角度——去想这件事情。这样，坏情绪就会自动消散了。

7

由坏情绪引发的敌意

当然，仅仅做到消除自己的坏情绪可能还是不够的。如果说服对象从别人那里接收了坏情绪，那么我们可能就会受到无缘无故的敌意。

鲁珀特·布朗和他的同事曾做过这样一个调查：

调查的对象是乘渡轮去法国的英国乘客。当法国的渔船堵塞码头、挡住这些乘客的顺利前行时，鲁珀特让乘客们看一些照片，并让他们做出评价。结果发现，乘客们更加同意（照片中）打翻咖啡杯的法国人应受到斥责，也认为（照片中）对威胁到当地乡村面包师生计的法国糕点应予以抵制。

在这个调查中，人们对阻碍自己前行的渔船并没有明显的攻击或者说是不敢攻击，但是，却对照片所呈现的情景中的人显现出强烈的攻击性。这就是我们讨论的关键之处。

人们为什么会对陌生人产生无缘无故的敌意呢？

关键在于人们的情绪转移——因为一个人的行为阻挠了他们实现目标，让他们产生愤怒的情绪。但是，因为招惹他们的人是强者，对其直接报复会产生严重的、难以承担的后果，所以他们会压抑自己的报复心理，以避免他人（强者）对自己的行为表示反对或者有所惩罚，这其实是人们懦弱的一面。之后，如果他们看到了一个对自己没有威胁的人，他们就会对他（弱者）释放自己的报复心理，表现出攻击性。

因此，当人们因渔船而满怀怒火时，即使是一个无关的、轻微的事物也可能引发出过度的回应，即攻击性显现。

这就意味着，如果我们的说服对象在他人那里接收了坏情绪，那么在我们对他进行说服的时候，他可能就会为了发泄自己的坏情绪而对我们提出苛刻的要求。

所以，我们在发现说服对象出现坏情绪的时候，应该尽可能地帮他化解掉这些坏情绪。

8

帮助他人消除坏情绪

怎么才能消除他人的坏情绪呢？

一般而言，当得知自己的说服对象情绪不佳时，人们常用三种方法——迁就、冷漠以及说教，但这些方法却是无益的。

比如，当他人表现出坏情绪时，使用迁就策略的人，会投其所好地迁就对方。给予一些对方在乎的价值或东西去驱使其坏情绪暂时消失。这种方式虽然能暂时性地消除或减弱对方的情绪，但并不能从根本上解决问题，而且还会在双方之间形成不健康的相处方式——一方渐渐地被另一方的情绪所控制。

又如，当他人表现出坏情绪时，有的人认为情绪是每个人自己的事情，从而对对方的情绪视而不见、不理会或不做反应，让它自生自灭或者由当事人自己默默承受——"你先回去，什么时候你的火气消了，再来找我解决问题。"这就是冷漠处理法，其结果是加深双方的矛盾。

再如，当感觉到他人的坏情绪时，有的人因为处于旁观者的位置，自认为了解一切，便不顾对方的感受与真实心理需求，以教育者的姿态说大量的道理教育训导对方——很多人习惯用"应该"和"不应该"的大道理、严厉的责备或过度的说教去试图阻止或消除别人的情绪。这会使得对方陷入更大的情绪困扰之中。因为在说教的过程中，劝说者的说话内容、情绪表达大多是他个人主观的意识与看法，而不是他的关心和理解。当对方意识到这一点的时候，就会拒绝倾听劝说者的话。

那么，我们应该以什么方式来对待说服对象的坏情绪呢？

根据现代心理学理论，正确处理他人情绪的方式主要包括四个步骤：肯定、分享、设范、规划。

第一步：肯定——肯定对方的情绪，表露出"你这个样子我是接受的，我愿意跟你沟通"的意思。

肯定对方的情绪，就是不管对方因为什么事情处于什么样的情绪状态中，都假定该事对这个人的重要性，认为他表现出来的情绪是合理的、正当的。例如，看到说服对象不开心的时候，不要躲着他，而是走到他身边，用关切的语气问："我看到你愁眉不展的样子，好像有点不开心。"

当你用这种认同的口吻和对方说话时，对方即使并不想对你说原因，也会不自觉地告诉你一些事情的经过。而当他这样说的时候，就会在不知不觉中把你当成自己人。

第二步：分享——分享对方的感受与面临的事情。

注意，一定是先分享感受，引导对方描述内心情绪，然后再分享事情。因为如果情绪感受未曾处理，谈事情细节不但不会有效果，还会使对方越说情绪越高，令问题更难处理。

与对方分享情绪，并非告诉他这是他应该有的感觉。而只是单纯地帮助他与自己的感觉重新联结，正确认识当时的内心感受。在与对方分享情绪时，可以提供一些相关的词汇帮助对方把内心的情绪感觉转换成一些可以被下定义、有界限的情绪类别。例如，"这让你感到很尴尬，是吗？"或者"怪不得你有这样的反应，你心里现在觉得怎样？"

一个人越能精确地以言辞表达他的感受，就越能掌握处理情绪的能力。当我们能够引导对方进行足够的情绪表达后，我们会发现他们的面部表情、语速、音量等会有舒缓的迹象。

第三步：设范——勾画一个规范构架，对适当的行为予以肯定，对不适当的行为提出质疑。

实践这一步骤的技巧与艺术在于，首先应对适当的行为予以肯定，给予对方尊严与自信，引起心灵的共鸣，然后再对不适当的行为进行质疑，让其主动找出什么是应当的，什么是不应当的。

例如："发生了这些事，我很明白你的感受。但是，这样的选择真的是最好的吗？结果会不会伤害到你自己呢？"

第四步：规划——提供给对方解决问题的多种方案，帮助对方选择采纳。

通过以上步骤，对方可能会说："我也不希望这样子，但已经如此了，我该怎么办？"这时，如果我们有明确的主意，并且确定是个好主意的话，就可以向对方提出来；否则，我们就需要引导他去发展自己的想法，帮助他做出最好的选择，鼓励他自己去解决问题——我们可以这样说："现在，最坏的结局可能是什么？怎么做才能避免最坏的结局出现？最好的结局是什么，怎么做才能得到？"如此一番引导之后，对方可能就会从失望中看到希望，重新拥有积极的情绪。

当然，这种方法也可以用在自我情绪的引导上。

Chapter 14

第十四章

偏好选择

　　人们都认为自己的决定是理性思考而非个人偏好的结果，但事实却并非如此。

1

选择的是自己想要的

有时候，一个说服对象接受劝说，并不是因为他从理性上认可了劝说的信息，而是从感情上认可劝说信息或者说服者。也就是说，他被说服，并不是因为他应该被说服，而是因为他想被说服。

之所以会这样，是因为在有很多选择的时候，人们会选择自己想要选择的，而不是自己应该选择的。

一位年轻女士打算去超市买条毛巾。在路过眼镜店的时候，看到一个别致的眼镜框和打折的信息，忽然想到自己的眼镜旧了，就配了一副新眼镜。

她走进超市，路过服装区，发现一个月前看中的裙子在打折，所以就毫不犹豫地将裙子放在了购物篮中。随后兴奋地去挑选毛巾。

拿了毛巾后，她路过洗化用品区，看到"特价"的信息，就选购了一套护肤品、一套化妆品和一套洗发用品；路过熟食区，闻到香喷喷的烤鸭味，食欲随之被勾起来，索性买了一只烤鸭……

最后，在等待结账时，她又顺手拿了一袋火腿肠和一罐口香糖。

回到家一算账，原本5元的预支出变成了500多元的实际支出。

在这个案例中，除了毛巾，女士购买的其他商品都不是因为她需要，而是因为她想要。但是，她在选择的时候却觉得，这些都是她需要的。

这就是心理学上的"偏好选择"——人们会依据自己的偏好而非理性对外界事物产生注意、做出选择。

打开我们的抽屉，里面摆满了从各处搜集的邮票，一旦听到某张珍贵邮票的消息，我们便会随之而动；那些时尚品牌，从来不会逃过一些人的视线，他们总是关注着本季度、本年度的时尚潮流方向；还有那些行业精英们，本行业的一举一动都尽在他们的眼中。

人们关注某件事情，注意力也会主动倾向于此，向他人传达出喜爱的信息。因为喜爱，人们便不断地关注于此，并且对所关注的事情变得敏锐起来，甚至达到了自动反应的程度。

从心理学上来讲，这是人们偏好选择的结果。

2 迎合偏好的说服

偏好选择对说服有什么作用呢？

事实上，广告商们经常利用偏好选择来引发人们的购买欲望。

如今，很多男人执着于万宝路香烟，为什么？这源于万宝路所成功塑造的品牌形象——"力量、独立"。这是与其他品牌的不同之处，也是万宝路形象的最独特之处，更是万宝路沟通所达到的至高境界。因此，男人对它不只是一种形象上的认识，更是对这一精神的高度认同和热切的向往与追求。

从古至今，人们内心始终对"力量、独立"等品质有着深刻的坚持和追求，男人更是如此，因此，万宝路所抓住、所传达的正是人们的这一偏好，这样的沟通，显然很容易引起人们的共鸣。

可见，人们内心的偏好，很大程度上影响了他们所关注的方向。一旦一个事物与他们内心的偏好一致，人们就会果断地做出选择；当然，如果事物与人们的偏好不一致，那么它即使在一开始吸引了人们的注意，也必然会在不久就被忽略、遗忘。

不仅如此，如果一个事物迎合了人们的偏好，那么与之相关的事物也会更加容易被人们接受。

纽约一家面包公司的销售经理，四年来一直希望把自己的面包卖给一家大旅馆。为此，他几乎每个星期都去找那家旅馆的经理，甚至还在那家旅馆长期租下一个房间。但是，都没有多大的用处。

后来，一次偶然的机会，面包经理发现旅馆经理的一个秘密：他是美国旅馆业公会的会员，而且由于热心地推进这个团体的业务，最近刚刚被推举为团体的主席；不仅如此，他还兼任国际旅馆业联合会的会长，经常搭乘飞机到世界各地去开会。

之后，面包经理再见到旅馆经理时，没有再向他推荐面包，而是诚恳地向他咨询美国旅馆业公会的情况。这一次，旅馆经理不但没有回避他，反而跟他讲了半小时关于旅馆业公会的情形，甚至还在告别之前，邀请他加入他们的团体。

几天后，面包经理就收到了旅馆方面的信息——请他把面包的价目和样品送过去。

所以，优秀的说服者不能想说什么就说什么，而应该在与说服对象见面之前先了解他的喜好、兴趣，然后谈论对方感兴趣而不是自己感兴趣的事情。等聊到对方满意了，他自然会去满足说服者的要求。

简而言之，就是说服要投其所好。

3

投其所好的说服

那么，怎么才能进行投其所好的说服呢？以下的实验可以告诉我们答案。

雀巢咖啡刚刚在市场上销售时，它的销量并不乐观。在广告中，雀巢咖啡主打方便、快捷的招牌，但是显然，消费者并不买账。原本的优势，好像并没有被充分地发挥出来。于是，心理学家针对这一现象做了一项实验调查。

研究人员先邀请了一些家庭主妇作为被试者来参加实验，调查的材料就是两张普通的超市购物单，这两张购物单上列出的购买商品除了咖啡，其他均相同。咖啡的种类，一个是速溶咖啡，另一个是原始的咖啡粉。

然后，他们将这些主妇被试者随机分为两组，将两张购物清单呈现给她们，让她们根据购物清单，来评价购物者。

结果发现，这些主妇都认为，购买速溶咖啡的人懒惰、不经济、邋遢、没有良好的购物习惯，而认为购买原始咖啡粉的人是个持家能手，勤奋、有品位等。

由此，心理学家发现了问题所在：人们不购买速溶咖啡，除了担心它的口感不如原始咖啡粉，还因为它背后代表的意义与原始咖啡粉截然不同。

根据这一特性，心理学家改变了广告的宣传词——从原来的重视方便、省事、快捷的特性，转变为重点凸显它的原料与原始咖啡相同，品质是有保障的。在广告的表现上，也是在香醇的咖啡后面，堆上成山的咖啡豆，以加深人们对它醇正品质的印象。

结果不久，速溶咖啡就开始被主妇们接受了。

在一开始，速溶咖啡的印象是方便，但质量不好。所以，作为勤劳、持家的主妇们宁愿花时间去用原始的咖啡粉来煮咖啡，也不愿意用速溶咖啡。但是，一旦品质得到了保障又方便快捷，自然会得到主妇们的青睐。

这就是迎合了心理需求的成功案例——不同的广告词，给人带来不同的心理体验，不同的感觉。

可见，当劝说的形式和内容给人带来的感觉是积极的，符合心中所想的，人们就会对劝说做出积极的反应；相反，当劝说给人的感觉是消极的，劝说的结果极有可能也是消极的。

因此，在劝说过程中，想要达到好的劝说效果，就要学会让你的话更加贴合对方的心理需求，投其所好。当对方认可了你的观点，你的话就会更容易被对方接受，这样也就能够更快地达到说服目的。

4

别因投射心理误会对方的偏好

说到投其所好，我们需要注意的是，并不是每个人的偏好都是一样的。很多时候，人们会因为自己的偏好而去想象他人的偏好。这是一种投射心理，很容易弄巧成拙。

所谓投射心理，即一种"以己度人"的认知障碍。其具体表现是，在人际认知过程中，因自己具有某种特性，而假设他人也具有相同的属性、爱好或倾向等特性，如"以小人之心度君子之腹"的故事。

明朝时，有一个本领高强的小偷，听人们议论说，有个叫王翱的人刚正不阿，从不接受不义之财，甚至还常常拿钱出来接济穷人。小偷不相信，决定试探一下他。

第二天一早，小偷先把一包银子放在王翱家门口，然后就藏在墙角看王翱的表现。

不一会儿，王翱带仆人出来，看到银子，就对仆人说："不知道是哪个人不小心丢了银子，他肯定十分着急，一定会回来找的。"说完，就迈开大步出门了。

躲在墙角的小偷看王翱不拿银子，就跑过去捡了起来。看到小偷出现，王翱对仆人说："他一定是失主，我们走吧。"小偷听到这句话，就追上王翱，对他说："久闻大名，今日一见，名不虚传。"

王翱不解，就问他是什么意思。小偷这才一五一十地讲述了其中的前因后果。听完，王翱笑着说："真是以小人之心，度君子之腹啊！"小偷惭愧不已，从此痛改前非，成了一个堂堂正正的人。

人人都有投射心理。在投射心理的驱使下，人们习惯用自己的观念和标准去衡量别人的行为，认为别人会做出与自己期望一致的行为。事实当然并非如此。心理学家罗斯所做的一个实验就是证明。

他在 80 名参加实验的大学生中就两个问题征求意见：第一个问题是，"你是否愿意背着一块大牌子在校园里走动"；第二个问题是，"你认为别的同学是否愿意这样做"。

结果发现，48 名大学生同意背牌子在校园内走动，并认为大部分学生都会乐意这样做；而拒绝背牌子的学生则普遍认为，只有少数学生愿意背。

可见，这些学生习惯将自己的态度投射到其他学生身上。

人们彼此之间有一定的共同性，尤其是同一群体中的人，也总是会有一些相同的欲望和要求，所以，在很多情况下，我们对别人做出的推测都是比较正确的。但是，人毕竟是独一无二、有所差异的，因而推测也有出错的时候。比如，《庄子》中的一个故事：

帝尧到华山视察，华山的封人祝他"长寿、富贵、多子"，帝尧都辞谢了。

封人非常疑惑，就问他："寿、富、多子这三件事，都是人人所欢喜而求不到的，所以拿来祝你。哪知你件件不要，究竟是什么缘故呢？"

帝尧道："你有所不知。多子、长寿、财富虽然都是人们所期望的，但却也有不好的一面。

"儿子不孝，父母就会蒙羞，虽然不见得所有的儿子都不孝，但也不见得所有的儿子都孝。而且，儿子生出来，父母就要养他、教他，如果儿子很多，做父母的又如何负担得起？

"财富多了，人就得花费很多心血去经营，田要去求，舍要去问，财帛要去会计，工人要去督率，一个不小心，财富就可能保不住。这不是麻烦的事情吗？况且，天地间的财物，只有这么多，我富人穷，我就会更容易遭受他人的怨恨、嫉妒，日夜担心他人来设计劫夺我，这又何苦呢？

"至于长寿，我也害怕着呢。人老之后，身体不好、智慧消减是必然的事情，如果遇到孝顺的子孙，还可能享福；如遇到不孝的子孙，那么反要因我连累了他们而受辱了。这岂不是让人伤心？而且，如果我在亲人死后独自活着，那么又有什么趣味呢？再有，年轻人总认为老人思想顽固、头脑陈旧，总会尽量地排斥他，如果他们这样对我，我又怎么会高兴呢？

"所以，在我看来，这三项都不能养德，故而推辞不要。"

可见，人的心理特征各不相同，即使是"福、寿"等基本的目标，也不能随意"投射"给别人。

所以，为了说服的高效性，我们需要准确了解说服对象的偏好，而不该盲目揣测对方的心思。

一位某品牌的电脑销售员，在一个周日的上午接待了一位穿着时尚的年轻女士。该女士一到柜台前就开始咨询一款商务笔记本电脑的型号、功能、价格等问题。

销售员虽然看出该女士对那款笔记本电脑有极大的兴趣，但还是认为她应该更喜欢一款外形较为时尚的女性笔记本，所以一味地向她展示一款造型时尚、小巧的粉红色笔记本。

然而，出乎销售员意料的是，年轻女士并没有对粉红色笔记本表现出多大的兴趣，只简单看了一下就找了个借口匆匆离开了。

不是所有的年轻女士都喜欢带有"时尚"标签的物品；也不是所有的富豪都佩戴卡地亚手表、手提 LV 包、身穿阿玛尼西装、开奔驰或宝马车。千万名消费者，可能有千万个理由购买或不购买你的产品。

因此，我们要尽量避免用"投射心理"去揣测说服对象的心思，万万不可理所当然地认为对方也和自己一样；而要尽量去了解自己和对方的不同，学会换位思考，站在对方的立场去解读对方的话语和行为，挖掘对方的需求和心意。如此，我们才能引导对方做出最能满足其愿望的决定。

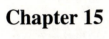

Chapter 15

第十五章

思考引导

　　在出现一个刺激的时候，如果没有引
导，人们的思考也就无从进行。

1

拒绝的真相

从事说服工作的人，在无法说服说服对象的时候，可能会产生挫败感，进而抱怨对方"没眼光"。殊不知，并不是说服对象没眼光，而是说服者传递给他的信息让他进行了有误区的思考，并得出了错误的结论。

有两名清洁产品推销员同时到一家大型百货商场推销自己公司新研发的清洁剂。就功能、质量和价格来说，两家公司的清洁剂相差不大，但两名销售员却遭到了不同的待遇。

第一个销售员在见到客户的时候，一直在叙述清洁剂的特点："我们公司拥有精细化工研究所、生产基地、制剂提取中心等部门，在技术方面一直都是业内顶尖的，因此质量非常可靠。事实上，很多地方都采用了我们公司生产的清洁剂，包括您的前任。因此，请相信我，没有比这更物美价廉的选择了。"

客户听到这些话，不但没有表示出自己的兴趣，而且还恼怒地要赶销售员出门："都是一些陈词滥调。几乎每一个推销员都会这么说。我可看不出产品有什么好的。"

听到这些话，第一个推销员着急了，一个劲儿地保证自己所说的都是真的。但是，他越保证，客户越拒绝。

这时，第二个推销员对客户说："先生，我也是来推销清洁剂的。我也可以保证，他所说的优点，我们公司的产品也都有。而且，我的产品质量肯定比他的好。"

客户虽然默不作声，却露出了质疑、厌烦的表情。

第二个推销员明白客户的意思，并没有再说下去，而是蹲下去，从提包里拿出一瓶清洁剂并打开，在地板上倒出一滴，拿抹布擦了几下。眨眼间，地板变得干干净净。

客户点了点了头，转身对第一个推销员说："现在你可以走了，我已经决定选他的清洁剂了。"说完，就带着第二个推销员走向了办公室。

思考会影响人们对事物的态度。不难看出，在这个案例中，两名推销员的推销过程之所以会出现两种不同的结果，是因为他们传递给客户的刺激是不一样的，当然也就引发了客户不同的思考，进而让其得出了不同的结论。

2 | 数据驱动加工

那么，人们是怎么进行思考的？首先是数据驱动加工。

当比利时的天才设计师 Olivier Theyskens（奥利维尔·泰斯金斯）成为资深品牌 Nina Ricci 的创意掌门人时，他也同时继承了一大笔财富——著名的香氛 L'Air du Temps。这位天才设计师对服装有着独特的创意。一次，一个晶莹剔透的香氛水晶瓶——瓶身的曲线和女性的身材一样，瓶身披着一层鹅黄色，并充满了螺纹——打动了他，让他随即产生了灵感，并马上设计出一套绝美的裙子。当模特穿着这件衣服出场时，让所有人感觉到的是那些布料在围绕肌肤轻轻旋转。

服装设计师这种源于外界环境的刺激——香氛水晶瓶——的加工过程，便是一种自下而上的加工——数据驱动。

这种数据驱动式的加工，通常是先对较小的知觉单元（即刺激信息的某些特征）进行分析，然后才会扩展到较大的知觉单元，经过这样的一系列连续的加工而达到对刺激信息的最后解释。

比如，现在呈现在你面前一个汉字："程"。那么，从视觉开始，你先确认的是这个字的各个部分的特征，如撇、横、竖线等，然后会将这些特征结合起来确认为字的一部分，最后搜索大脑中的知识，确认这是一个字，并且是正确的字。

在这个过程中，对"程"字的加工是从较小的、具体的特征开始，然后转向较大的、整体意义上的加工。并且，其中较高阶段的加工依赖于较低阶段的加工程度。这就意味着，这种数据驱动式的加工非常强调最初的外界刺激的作用。

在电视剧《风语》中有这样一个片段：陈家鹄在收到妹妹陈家燕从延安寄来的平安信后，相信妹妹是平安的。但在看到陆从骏伪造的"陈家燕死亡"的照片时，他顿时感到伤心欲绝，开始担心妹妹的安危，甚至倾向于认为妹妹已经身遭不测。

在这个片段中，陈家鹄就是在进行数据驱动加工：他以两种刺激物——信件和照片——来作为依据，从而进行一种较低阶段的信息加工。然而，其中有一种刺激物是不符合实际情况的，因而让他对事物的认知和判断受到了干扰。

这就告诉我们，在说服过程中，说服对象很可能会根据首先获得的外界刺激信息而做出错误的判断，从而拒绝我们的说服。

所以，在展示刺激之后，我们需要做点什么来引导说服对象的思考，就像推销清洁剂案例中的第二个推销员一样。

3

假设驱动加工

那么，我们到底该做点什么呢？答案是引导。

可靠性。而一旦购买者同意了某一具体价格，销售人员就会转而推销一份价值 400 美元的服务合同："你可能会觉得这 400 美元是毫无用处的，但它却是一份长期的保证。想象一下，如果你的发动机坏了，你就不得不为一个新的发动机支付 1200 美元。而 400 美元与 1200 美元相比，是多么便宜。"

　　如果购买者足够理性，就应该忽略销售员的这一生动性描述，并注意到销售人员在推荐汽车时提供的种种证据。这样，他才能发现销售员已经说过，这辆车的发动机性能非常好，基本上不会发生故障，这 400 美元的服务，的确是没有必要的。但是，购买者在听到销售员的生动描述时，常常会忽略这一点。

　　可见，生动性是专业说服者说服决策者的一个秘密武器。它会使说服对象把注意力放在事物的某些特性上，同时忽略其他信息。

　　所以，我们需要精心准备我们的说辞，并尽可能地让其简单而足够生动。这样，对方的注意力才会被我们吸引，其大脑才会按照我们所希望的方式展开思考，并做出决定。

Chapter 16

第十六章

巴纳姆效应

越是简单精练的信息，越容易让人
信服。

1

不过一念间

在说服中，不可避免的一种情况是要回答说服对象的问题。如果回答得不恰当，那么说服对象可能就会彻底推翻之前对我们的好印象。但是，我们并不能保证我们所说的每句话都是得体的。在这种情况下，我们应该怎么办呢？一个方法是用模棱两可的话语来回答。

两个工作不太如意的年轻人一起去山中的寺庙里拜望老方丈，希望老方丈对他们的人生能够给予指导。

见到老方丈之后，两个年轻人说："大师，我们在办公室总是被人欺负，做很多额外的工作，拿很少的钱。我们每天都感觉很痛苦。求您开示，我们是不是该辞掉工作？"

老方丈闭着眼睛，隔了半天，才吐出五个字："不过一碗饭。"然后挥挥手，示意他们离开。

离开后，两个年轻人回味着老方丈的话，渐渐地都有了主意。于是，两个人回到公司，一个人递上辞呈，回家种田；另一个人却仍在办公室工作，没有任何举动。

之后的十年，回家种田的那位以现代的方法经营，加上品种改良，成了农产品专业户；留在公司的那位，忍气吞声，努力学习，最终渐渐受到器重，成了经理。

此时，他们相遇了。专业户问经理："当初老方丈告诉我们'不过一碗饭'，我听懂了，不过一碗饭嘛，有什么大不了的，何必硬留在公司里受气呢？所以我辞职了。但是，你为什么没听师父的话呢？"

经理听了，说道："师父说'不过一碗饭'，意思是，大家的刁难也不过都是为了一碗饭，我们要多体谅，少计较。我正是这么做的啊！"

这时，两个人才发现，当年老方丈的同一句话，竟然可能有多种含义，而自己的理解却未必是对的。于是，两个人又来到了山中，希望老方丈告诉他们当年那句话的意思。

而老方丈在听了他们的来意之后，只说了五个字"不过一念间"，就又让他们离开了。

看完这个故事，想必很多人都认为：老方丈真的是智者啊！"不过一碗饭""不过一念间"，自己所做的一切不正是应了这两句话吗？

如果你也这么想，那么可以说，你也中了"巴纳姆效应"之计。

2

你中计了吗

一位广受欢迎的美国马戏团艺人菲尼亚斯·泰勒·巴纳姆在评价自己的表演时说过这样一句话："我的节目之所以受欢迎，是因为节目中包含了每个人都喜欢的成分，所以每一分钟都有人上当受骗。"这句话就蕴含了老方丈话语的秘密——如果话中含有你喜欢的内容，那么你就会相信它是准确的。

可是，老方丈怎么知道你喜欢什么呢？的确，他不知道你喜欢什么，他只是把一些人的情况概括起来而已。心理测试和算命也是这样做的。

20世纪40年代晚期，伯特伦·弗瑞尔教授设计了一个不同寻常的实验——要求上他开设的"心理学导论"课程的学生完成一项性格测试。

一个星期后，他给每位学生发了一张纸，并告诉他们上面有依据他们的测试分数得出的简短性格描述，希望大家仔细地读一下自己拿到的性格描述，并依据描述的准确性给测试结果打一个分数。其中，0分代表非常不准，5分代表非常准确。

十分钟之内，弗瑞尔的学生都仔细看过了自己拿到的描述，并依据描述的准确性打了一个分数并提交了上去。

之后，弗瑞尔教授又请同学们当场表决描述的准确与否——请那些认为比较准确的学生举手。说完，就陆续看到学生举起的手，三分钟之内，班里的所有同学都举起了手。

弗瑞尔教授没有说什么，而是在最短的时间内统计出学生们提交的分数，结果发现，87%的学生给出的是4分或者5分。

也就是说，两个结果都表明，大多数同学都觉得测试的结果是很准确的。

由此，弗瑞尔教授推断：人们很容易过于相信含糊其词的描述。

为什么这么说呢？

原来，弗瑞尔教授并没有真正对他的学生实话实说。事实上，他发给学生的性格描述都不是依据他们的测试分数得出的，而是来自他几天前顺手在报摊上买的一本星座书——他大致翻阅了那本书，然后从不同的星座说明中挑选了10句话，凑成一段文字。也就是说，他给每个学生的测试结果都是同一段描述：

你渴望得到他人的喜欢和欣赏。

虽然你在个性上的确有一些弱点，但你通常能够设法弥补。

你在某些方面的能力还没有得到充分的发挥，所以还未能变成你的优势。

你与异性交往有些困难，尽管外表上显得很从容，其实你内心焦躁不安。

你自信，但有时候会强烈地怀疑自己所做出的决定或已经做完的事情是否正确。

你坦率，但有时候也会觉得在别人面前过于直言不讳并不是明智之举。

你向往多姿多彩的生活，更希望把自己的生活变得丰富多彩，而在遇到约束和限制时就会感到不满。

你很自豪自己是一个能够独立思考的人，不会轻易接受别人的意见或建议，除非他有令人满意的证据。

有时候你很外向，比较容易亲近，也乐于与人交往，但有时候你却很内向，比较小心谨慎，而且沉默寡言。

你有很多梦想，其中有一些看起来相当不切实际。

看到这段话，你有没有感觉也与自己吻合？

对照着以上的话，你可以试想：谁不愿意得到别人的欣赏和钦佩呢？谁没有弱点？谁不会对安全感有迫切的渴求呢？谁从未质疑过自己做出的重要决定？谁没有梦想？谁又完全实现了自己的梦想？因此，尽管实验中的"测试结果"只是一个笼统的描述，但是却符合了大多数人的心中所想。

由此，心理学家保罗·米尔就在 20 世纪 50 年代，以魔术师巴纳姆的名字将弗瑞尔的实验结论命名为巴纳姆效应。

为什么会出现这样的结果呢？这就要说到知觉的问题。

3

知觉

知觉是对我们所感觉到的各种信息在心智层面上进行再加工——我们认定摆在面前的是一个苹果，不是因为我们触摸时发现它光滑的果皮，不是因为我们闻到了它特殊的气味……我们认定这是一个苹果，是我们的大脑将这所有感觉信息汇集起来，经过比较、分析等信息加工之后得出的结论。这个加工过程就是知觉过程。

不同人的知觉水平（信息加工水平）和知觉方式（信息加工方式）是不一样的，所以即使是面对同一个事物，人们的看法也会产生差异。

待在同一间屋子里，有的人觉得冷而有的人觉得热；有的人喜欢花露水的味道而有的人避之不及；在看达·芬奇《蒙娜丽莎》的时候，有的人只看到了蒙娜丽莎嘴角的微笑，而有的人则只留意到了蒙娜丽莎背后的蜿蜒山水……

同样，知觉水平和知觉方式也与我们生活的环境、经验等密切相关。

基是居住在非洲卡拉哈里地区的原住民，那里是个看上去像沙漠却又不是沙漠的地方，每年有9个月的时间是干旱无雨的，基和他的家人就生活在这里，他们以最原始的方式生存着。

虽然这里干旱缺水甚至没有什么动物，但是基及其家人却有自己的一套办法——他们每天清晨收集树叶上的露珠来解渴。基负责打猎来维持一家人的温饱。

虽然600里以外就是现代化的都市，但是基及其家人对此一无所知，他们只是快快乐乐地生活在卡拉哈里地区。

一天，一个到卡拉哈里探险的人丢了一只可乐瓶子在这里，被基的一个孩子捡到了。这个部落的所有人开始觉得新奇，他们从来没有见过这么透亮的东西，像水一样却非常坚硬。渐渐地，他们发现这个东西可以用来吹出美妙的声音，还可以用来磨蛇皮。

于是，人们都对这个天上掉下来的神秘物件起了兴趣，他们认为这是上帝赐给他们部落的礼物，便把瓶子放在石板上对它进行膜拜。

这是电影《上帝也疯狂》为我们描述的一个有趣的故事。

我们不能认为这过于荒诞；同样，我们也不能否认基及其家人对于可乐瓶子看法的真实性。我们必须承认这样的事实：每个人的知觉对于他自身来说，都是真实的。所以，基对于瓶子的知觉与我们对于瓶子的知觉虽然大相径庭，但两者都是知觉的真实产物。

了解知觉原理的一个重要意义就在于，承认我们每个人看待事物的方式都是与众不同的。我们每一个人都有着自己对信息的加工方式和加工水平，所以我们总是会得出不一致的看法，表现出不一致的行为。但是，这并不表明他人是错的，或者自己是对的。

试着看下面的一幅图（如图 16-1 所示），看看我们会知觉到什么？

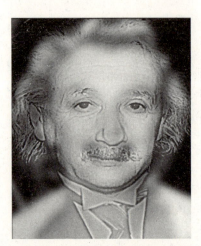

图 16-1　是梦露还是爱因斯坦

这幅图是美国麻省理工学院的神经科学家和英国格拉斯哥大学的专家们制作的神奇的"玛丽莲·爱因斯坦"混合画——当我们近距离看这幅画的时候，画中的人是 20 世纪著名科学家阿尔伯特·爱因斯坦；而当我们站在 5 米远的地方再重新看这幅画的时候，会惊奇地发现，画中人变成了美国已故好莱坞影星玛丽莲·梦露！这就意味着，对于高度近视者来说，他们看到的是玛丽莲·梦露；而对于视力正常的人来说，看到的就是爱因斯坦。

这幅图利用大脑对清晰和模糊画面的反应差异形成了一种神奇的错觉，但也反映了一个道理——由于个人条件和所处的角度不同，不同的人会对相同的事物做出不同的知觉。

4

用模糊语言获得认可

那么，巴纳姆效应对我们的说服有什么作用呢？

作为专业的说服者，我们不能用它去欺骗说服对象，但是却可以用一些笼统的词语去把握说服对象的心思、激发他的兴趣。

> 销售员："我这次来，其实完全是您的主意。"
>
> 客户："是吗？"
>
> 销售员："您是为了享受优质的服务和尽可能少的投入，所以才想要进行系统升级的，不是吗？"
>
> 客户："的确是这样。"
>
> 销售员："那我们为什么不具体谈一谈呢？"
>
> 客户："你有什么看法？"

"想要优质的服务和尽可能少的投入"，即"物美价廉"，是每个购买者的愿望。从这一点引申出来的话语，又怎么会说不中客户的心思呢？

如果你对客户目前的情况有所了解，还可以表现得"再神秘"一点。

> 销售员："这是贵公司今年最大的一笔轮胎采购案吧？"
>
> 客户："算是吧。"
>
> 销售员："数量如此之大，回报利润绝不能低于 10 个点（10%）。"
>
> 客户："那当然。"
>
> 销售员："我想，我们的供货方案能够满足您的这个要求。"
>
> 客户："怎么说？"

追逐利润是商家每一次行动的目标。"不低于 10 个点"的高利润方案，又怎么会被他们轻易放过？

除此以外，销售员还可以根据客户的个人欲望，如金钱、荣誉、健康、友情等，来设计巴纳姆效应的用语。

销售员："您最近可是要破费了。"

客户："怎么可能？我现在又没有什么投资计划。"

销售员："这不是快要过中秋节了吗？这么大的公司，您得向员工有所表示啊！"

客户："这……你有什么建议呢？"

可见，根据说服对象的笼统愿望，巧妙地变通一下，就可以说中他的心思、得到他的认可。

Chapter 17

第十七章

公平意识

不管你是否公平对待他，只要他感觉
不公平，矛盾就会存在。

1

公平的意识

在说服活动中，还有一个影响说服对象接受与否的关键因素——公平。如果说服对象觉得自己受到了不公平的待遇，那么即使你说得再有道理，他也可能会拒绝接受。

两位顾客同时在购买糖块，售货员在称第一位顾客的糖块时，一边喊着"15块钱"一边随手抓了两块糖添了进去。轮到第二位顾客了，售货员再次喊出"15块钱"但同时拿出了多的两块糖。这时，第二位顾客嚷道："怎么人家的你就给添几块，我的你就给去掉了啊，我的明显和他的差不多嘛。"……

是售货员故意克扣第二位顾客的糖块吗？当然不是。我们知道，眼睛看出来的重量是有误差的。第二位顾客未必意识不到这一点，但是在内心里，还是会感觉自己受到了不公平的待遇，所以才会抗议，即使这样的抗议根本无济于事。

2

"一添一拿"的秘密

那么，是什么让第二位顾客感到了不公平呢？关键在于售货员的两个截然不同的动作——"一添一拿"——让顾客在心理上明显感到了差别。

"一添一拿"有什么秘密呢？这要从心理学上的心理分账说起。

心理分账是芝加哥大学行为科学教授查德·塞勒在1980年提出的概念。其具体含义可以用以下实验予以解释。这是特沃斯基和卡尼曼在1981年所设计的实验。

在这个实验中，383名被试者被分成两组，第一组有183名，第二组有200名，他们被分别要求回答以下问题：

第一组的问题是：假设你想看一场戏剧，门票是10美元。但是，当你走到戏院门口时，发现自己丢了10美元。这时，你还会花10美元买票看戏吗？

第二组的问题是：假设你想看一场戏剧，并花了10美元提前买了一张票。然而，当你走到戏院门口时，忽然发现自己把门票丢了。由于条件限制，补票或者找回门票都是不可能的事情，你要想看戏只能再买票。那么，你会再花10美元买一张票吗？

经过对两组被试者的回答进行统计，研究人员发现，在第一组被试者中，有88%的人表示他们仍然愿意花10美元看戏；而在第二组被试者中，只有46%的人表示他们愿意再买一张票。

客观地说，丢失10美元与丢失一张票的损失是一样的，为什么人们在两种情况下的行为会出现如此之大的差别呢？

特沃斯基和卡尼曼在深入研究后发现，第一组中的大部分被试者只认为自己丢失了10美元，这10美元与戏票无关，不应该影响到看戏的行为；而对第二组被试者来说，虽然丢一张票的损失与丢10美元的损失从金钱上来说是等量的，但如果再买一张票，就等于是花了20美元的钱看了一场戏，这是不值得的。

由此，特沃斯基和卡尼曼认为，心理分账是人们针对决策结果（尤其是经济决策结果）而言的，是人们在心理上对结果的分类记账、编码、估价和预算等过程。

这就意味着，在上述的案例中，顾客会把售货员第一次放在秤盘里的糖块放在一个账户里，觉得是自己应得的；而把售货员随后的行为放在另一个账户里。如此，售货员往秤盘里"添加两块"，就会让人感觉占了大便宜；"拿出两块"就会让人感觉吃了亏，受到了不公平的对待。

3

餐具实验

可以说，真正让人产生抗拒、逆反心理的，不是理性的不公平，而是感知到的不公平。只要感知到的是公平的，即使在理性上不是那么公平，人们也是满意的。美籍华人、芝加哥大学商学院奚恺元教授的经典心理学实验——"餐具实验"就是证明。

研究人员分别问两组被试者以下问题：

对于第一组被试者，研究人员向他们展示了一套餐具——这套餐具有24件，每件都是完好的。然后询问他们："你愿意为这套餐具支付多少钱？"

对于第二组被试者，研究人员则向他们展示另外一套餐具——这套餐具共有40件，其中的24件与给第一组被试者展示的完全一样，而其余的16件则是8只杯子和8只茶托。其中，2只杯子和7只茶托都有轻微的破损。然后，研究人员询问他们："你愿意为这套40件餐具支付多少钱？"

结果发现，在不知道还有另一套餐具的情况下分别做判断，人们愿意为第一套餐具支付33美元，却只愿意为第二套餐具支付24美元。

这是为什么呢？也许在看了奚恺元教授的另一个实验，我们就会恍然大悟了。

这个实验是以冰淇淋为实验材料的：有两杯哈根达斯冰淇淋，一杯冰淇淋的分量是7盎司，被装在5盎司的杯子里面，看上去快要溢出来了，价格是2.26美元；另一杯冰淇淋分量是8盎司，但是装在了10盎司的杯子里，所以看上去还没装满，价格是1.66美元。

然后，研究人员询问被试者：你愿意购买哪一杯冰淇淋？

如果人们喜欢冰淇淋，那么8盎司的冰淇淋比7盎司的冰淇淋多；如果人们喜欢杯子，那么10盎司的杯子也比5盎司的杯子大。从理论上说，无论怎样人们都应该选择那份装在10盎司杯子里的分量为8盎司的冰淇淋。

但实验结果却是：与用1.66美元买8盎司的冰淇淋相比，更多的人愿意花2.26美元买7盎司的冰淇淋。也就是说，人们更愿意为分量虽然少但看起来却很多的冰淇淋付更多的钱。

从心理学的角度看，分量虽少但却看起来很满的冰淇淋让人们获得了视觉上的舒适和心理上的满足。即使有的人知道从金钱的角度讲，用1.66美元买8盎司的冰淇淋比花2.26美元买7盎司的冰淇淋更加经济实惠，却仍愿意多花一些钱，因为那样会让他们感觉更愉悦。

这个道理应用在说服上，就是这样一条原则：在解说的时候，事物的形式和意义比内容更重要。这也意味着，我们不必用种种数据证明我们给说服对象提供的事物是最佳的，而只需要让他感觉自己得到的将会是最佳的即可。谷歌公司就是这么做的。

4

谷歌的午餐

这是改变谷歌命运的一个故事。

谷歌成立之初，整个公司只有十来个员工。当时，正是互联网刚开始发展的时候，人才的流动性非常强，很多互联网公司都在想方设法留住人才。谷歌也不例外。

一般来说，最有效的吸引人才、留住人才的方法是高薪。但是因为没钱，谷歌并不能这么做。要知道，当时谷歌的所有员工还挤在一间居民房里办公。

那么，谷歌应该用什么方法留住人才呢？谷歌的总裁谢尔盖为了了解最吸引这些互联网人才的是什么，特地走访了几十家网络公司。最后，谢尔盖发现，由于这些互联网工程师工作特别忙，午餐都是随便吃一些三明治之类的快餐。如果谷歌能够为他们提供精美的午餐，或许就能留住员工。

当时，虽然也有一些公司提供午餐，但他们大多只是随便应付一下而已。为了做出不一样的午餐，谢尔盖决定招收一名优秀的厨师——他打出了这样一则广告：诚征厨师长——谷歌的人饿了。为了吸引优秀厨师，谢尔盖还在广告里许诺，谷歌的厨师长可以得到谷歌的股份。

所以，广告打出不久，就有很多厨师前来应聘。最后经过挑选，谢尔盖决定选艾尔斯为谷歌的厨师长。

起初，艾尔斯并没有在意这份工作。但是，当他发现他在这个公司拥有绝对的权力——他可以自己决定午餐做什么和怎么做——的时候，他的内心中充满了满足感，从而不再把厨师长当成工作来做，而是当成一份事业来做。因此，艾尔斯加入谷歌不久，谷歌的午餐就发生了很大的改变——不但有美国西南部风味的菜肴，还有经典的意大利菜、法国菜、非洲菜，以及带有他自己烹调风格的亚洲菜。

谷歌的工程师对这样的午餐非常满意，不但不再想着跳槽到更好的公司，甚至还开始想办法把工作做得更好，让公司变得更加强大。

看完这个案例，请试想这个问题：改变谷歌的根源是厨师长吗？不可否认，厨师长艾尔斯对谷歌的改变起到了很重要的作用，他为谷歌的工程师们提供了美味的午餐。但这并不是根源，那么根源是什么呢？

不难看出，艾尔斯因为拥有绝对的自主权而把工作当成了事业，创造了美味的午餐；而谷歌的工程师们则因为美味的午餐也把自己的工作当成事业，开始尽可能地把工作做得完美，让公司变得更强大。这些变化，不在于谷歌给了他们什么，而在于他们感觉自己从谷歌得到了什么。

这就意味着，在说服的过程中，重要的不是我们所介绍的事物对对方有什么好处，而是对方认为那个事物对他有什么好处。

5

对比之后的公平

说到感知的公平，我们还需要介绍一种常见的感知公平判断基础——对比。如果在对比中，人们感觉到公平，那么他们才可能会做出接受的行动。只是，做到这一点并不容易。因为在与其他人对比时，人们会放大某些并不明显的特点。

在对比的作用下，高低、胖瘦、好坏、难易等程度判断都会呈现出不一样的结果。例如，心理学家斯坦利·科伦和乔尔·米勒在 1974 年所做的一项研究。

在这项研究中，实验人员让被试者通过一些资料来估测一位体育播音员的身高。其中，第一个资料是播音员采访一群篮球运动员时的一段录像；第二个资料是播音员采访一群赛马手时的一段录像；第三个资料是播音员站在一匹高大的赛马旁边或者一个露天体育场旁边的照片。

结果发现，在观看第一个资料时，被试者普遍认为播音员非常矮，估测的数值远低于播音员的身高；在观看第二个资料时，他们认为播音员非常高，估测的数值远高于播音员的真实身高；在观看第三个资料时，他们估测的数值与播音员的真实身高相差无几。

研究结果表明，事物的某些优点会在比较中让人感觉大打折扣，导致吸引力有所降低。除了与外界之物比较，公平与否的感知也来源于自己期望的对比。

试想：如果老板跟你说，你今年的年薪是 30 万元，你会感到高兴还是失落呢？

不同的人对这一问题有不同的答案。如果一个人的奋斗目标是 10 万元，30 万元的年薪一定会令他感到愉快；假如他的目标是 100 万元，年薪 30 万元的消息足以令他过一段愁眉苦脸的日子。

这就意味着，如果对方对我们的期望过高，即使他已经从我们那里获得了不少收益，但因为不符合他的期望，还是会对我们失望；相反，如果我们一开始就降低他的期望值，那么即使我们表现出的是正常水平，他也会感到惊喜。

6

降低对方的期望值

突破陌生人的心理防线，顺利走进他们内心是件复杂的事。如果我们想要获得对方的重视，一个方法是让他对我们有所期望。不过，这种期望不能过高。否则，当我们满足不了的时候，对方很可能会对我们产生失望的情绪。最终，我们的所有行动就会变成竹篮打水一场空。

如今，很多人都对销售人员存有偏见，认为他们"说一套做一套""不可靠"。之所以会出现这种偏见，是因为一些销售人员为了从竞争对手的手中抢到客户，会先给客户一只"大苹果"，做出更有吸引力的承诺。但是，在客户签下订单之后，却无法兑现承诺，最终招致客户的抱怨。

小李是一家印刷厂的业务员。每次他在拜访新客户时，都会拍胸脯保证能够在最短的时间内完成印刷任务。比如，客户说一个月时间，他会说只需要 20 天就能完成。如此高的工作效率，吸引了很多新客户。然而，印刷厂根本不可能在那么短的时间内完成任务，常常无法兑现承诺。因此，小李的新客户几乎都没有变成印刷厂的忠实客户。

小李对待新客户的失误就在于，他给客户的期望值过高。当这些期望变成失望时，他们就会感到愤愤不平，以至于离他而去。如果小李能够利用继时对比效应，或许就不会出现这种情况了。

有些房地产公司的销售人员在带领客户看房时，并不会一开始就带他们去看他们期望的房子，而是先去看那些条件较差但价格较贵的房子。

这样，在看过几处又贵又差的房子后，再看到条件更好的房子，客户通常就不会再那么计较价钱，甚至会觉得很划算而当即交付定金。

房地产公司的销售人员就是通过运用继时对比效应，将客户对房子的期望值降到最低，以至于客户在看到性价比一般的商品时，也能感到物有所值。

那么，如果在一开始给了对方较高的期望值，但在之后的行动中发现不能满足对方的期望时，应该怎么办呢？方法是，索性在未产生结果前将对方的期望值降到最低，让对方有个最坏的打算。这样做不但减轻了自己的压力，有助于事情的回旋，更容易得到对方的谅解。

有一位自由撰稿人的工作习惯非常好，从不拖拉，常常能够提前半个月完成稿件，出版社的编辑非常喜欢与她打交道。但是，由于最近一段时间忙于其他事情，她预计这期的稿子不能提前完成了，可能会在最后期限到来时交稿。

为了避免给编辑留下坏印象，她在离最后期限还有半个月的时候约请编辑吃饭，并诚恳地说自己有事耽搁了稿件的进度，可能要延期一周才能交稿。由于编辑对她之前的印象非常好，就对她说没关系，并嘱咐她尽力而为。

半个月后，她如期提交了稿件。虽然相比之前的速度下降了一些，但还是让编辑相信她在"日夜赶工"，对她的敬业精神赞赏不已。

总之，为了让说服对象的心里得到安慰，我们需要运用一些参照物来对比出事物的特性，如此对方才会心甘情愿地接受我们的说服。

Chapter 18

第十八章

消极偏好

人们总是容易原谅自己的过错，而对
别人的失误抓住不放。

1

当听到了负面评价

社会评价也是决定说服对象是否会被说服的一个重要因素。在诸多评价中，负面评价直接决定了说服对象对信息的接受与否。

2010 年 7 月，美国《消费者报告》对苹果公司的 iPhone 4 做出了较为全面的评价。

首先，《消费者报告》高级电子产品编辑吉卡斯针对外界关于 iPhone 4 在接收无线信号时有问题的传闻进行了回应。他表示，经过对 iPhone 4 和 iPhone 3G、Palm Pre 的测试，发现其他手机都没有出现 iPhone 4 的信号接收问题。而对于 iPhone 4 的信号接收问题，吉卡斯指出，或许是由于设计缺陷的问题，当用户的手或手指触碰到 iPhone 4 左下部分的某一点时，它的信号接收能力就会大幅度下降；如果在信号较弱的地方，那么它的通信很可能会完全中断。

随后，《消费者报告》对 iPhone 4 的其他功能做出了正面的评价。吉卡斯说："测试报告指出，iPhone 4 的屏幕显示和视像摄像头比任何电话都要出色，而且电池寿命较之前的 iPhone 型号更长。因此，如果没有信号接收问题，iPhone 4 可以算是最佳的智能手机。"

尽管《消费者报告》对 iPhone 4 的总体评价不错，但在这段评价公开后，它的销量还是受到了严重的影响。

这就是负面评价信息对说服对象的作用——当消费者正在考虑一种新产品或服务的时候，相对于正面的信息，他可能更加注意负面信息，并将这些负面信息告诉其他人。

有一位刚拿到驾照的年轻女士想买车。最初，她看到一位与自己年龄相仿的女邻居买了一辆汽车，于是就去该汽车品牌的专卖店考察。在听过销售员的一番介绍之后，她基本上已经锁定这一品牌的车。

之后，她回到家与丈夫商量，丈夫反对，原因是"上海大众和通用公司的品牌更好""那个品牌是海南一家汽车公司生产的，在上海的维修和服务网点还不完善"；她问驾车同事的意见，同事们说"这个牌子的汽车用的日本车壳，车壳太薄"；她又到论坛里查询网友的评价，发现不满和牢骚更是一大堆，如"起步发动机有点抖""隔音效果不够好""关车门费力""起油加速比较迟钝""悬挂较硬""防震较差""底盘离地较低，在不平路面上容易蹭地""实际耗油量大"等。

看到这些负面信息，这位女士对这个品牌的好感一一消失了，很快就放弃了购买这个品牌的念头。

可见，负面评价直接决定了说服对象的态度和行为。

2
负面评价可能与事实不符

虽然人们很看重负面的信息，但有些时候，负面信息并不能代表事实。

我们知道，消费者的投诉多来源于不满，而不满则来源于他们对产品的期望不一致。也就是说，当一种产品不能如消费者所希望的那样发挥作用时，消费者就会感觉到不满。

比如，一个人到装修高雅的饭店吃饭时，发现服务员递过来的杯子边缘有指纹，那么他就会很生气。但如果是在一家廉价饭店里发现这种情况，他就会感觉"很正常"。

　　为了发泄这种不满，有的消费者会向有关部门进行投诉，有的消费者则选择"忍气吞声"。不管是哪一种选择，他们都会将这次不满的经历告诉给他们的朋友，然后一传十、十传百，转变为影响更为广泛的"谣言"。当然，最后这种谣言已经不是最初的不满了。这一点，英国心理学家的实验可以证明。

　　就像孩子们玩的"打电话"的游戏那样，英国心理学家费雷德里克·巴特利特请一位实验参与者复述了一个刺激，临摹一幅猫头鹰画。然后又请另一个参与者临摹第一位参与者临摹的画，第三位参与者临摹第二位参与者的临摹画……如此重复多次后，这只"猫头鹰"就变成了"猫"。

　　由此，巴特利特推断，信息往往会在传播的过程中发生改变，最终的信息和最初的相比往往已经面目全非。

　　所以，说服对象听到的或者看到的负面信息，也许并不是事情的真相。若是因此而被拒绝，对说服者来说可能会是个遗憾。

3
用正面评价代替负面评价

　　尽管道理如此，然而说服对象可能并不买账。我们无法否认的是，不管是从何处得知的负面评价，都会降低一个人或者一个事物的可信度，并影响说服对象的态度和意愿。所以，面对因负面评价而拒绝的说服对象，我们应该在对他展开说服之前对他所了解到的负面评价做出全面、公正的解释。

　　比如，就某种产品的负面评价而言，我们可以这么说："对于各个行业的知名品牌来说，由于用户众多，因各种各样的问题引发的投诉也比较多。如果消费者只凭投诉的数量就否定该品牌，转而购买投诉较少、知名度较低的品牌，那么就可能会遭到更大的损失。毕竟，对知名品牌来说，投诉量对于销量来说，还是比较小的。"

当然，仅有这样的解释是不够的，我们还需要用一连串的实际行动证明：我们被误解了！

有一位博士，已经通过了面试公司的初试，今天将要参加最后一次总裁面试。但是他是这样出场的：本来是第一个面试者，结果却临到结束才出现；赶来的他满头大汗，头发蓬松凌乱，衣服也是皱巴巴的。

当该公司总裁见到他后，上下打量了他一番，且非常疑惑地问道："你是博士毕业？"博士非常尴尬地点了点头。他想到自己可能给总裁留下了坏印象，很可能要被否定了，便赶紧就一些工作中的问题做了一番专业性很强的解释。

这个解释让总裁觉得或许不该就此否定他，于是向他提出了公司中存在的一些问题，要求他做出应对。对此，他都回答得有理有据。

这些表现让总裁决定暂时保留自己的意见，抱着试试看的心态录用了他。之后半年，这位博士一直都在工作中表现得非常出色，为公司做出了不少贡献，不久就消除了总裁的成见，深得公司器重。

在说服过程中，消极的首因效应随时可能会发生，但我们不必自暴自弃，因为我们可以在之后的时间里用连续的实际行动证明当初糟糕的表现只是个意外。这种"亡羊补牢"的方法是非常有效的，因为它符合心理学中的"近因效应"。

4

近因效应

近因效应是相对于首因效应而言的，是美国心理学家卢钦斯在验证首因效应时发现的。

首先，卢钦斯编撰了两段描写一名叫吉姆的男孩的生活片段的文字材料。其中，第一段文字将吉姆描写成一个热情并外向的人，而另一段文字则相反，把他描写成冷淡而内向的人。例如：第一段文字说，"吉姆与朋友一起去上学，走在洒满阳光的马路上，与店铺里的熟人说话，与新结识的女孩子打招呼"；第二段文字说，"吉姆放学后一个人步行回家，走在马路的背阴一侧，他没有与新结识的女孩子打招呼"。

随后，他把两段文字加以组合为四组，并分发给四组被试者，请被试者评价吉姆是个怎样的人。第一组先展示描写吉姆热情、外向的文字，后展示冷淡、内向的文字；第二组先展示冷淡、内向的文字，后展示热情、外向的文字；第三组只展示描写吉姆热情、外向的文字；第四组只展示描写吉姆冷淡、内向的文字。

结果发现，第一组被试者中有78%的人认为吉姆是友好的；第二组被试者中只有18%认为吉姆是友好的；第三组中认为吉姆是友好的被试者有95%；第四组则只有3%。

实验进行到这里，即证明了人际交往中"首因效应"的存在。但卢钦斯并没有就此停止实验，而是对其进行一些变更后再次展开测试。

在进一步的实验中，卢钦斯在向第一组和第二组被试者展示第二段文字之前，让他们参加了一些与"评价吉姆"无关的活动，如做数学题、听故事等，然后才对他们继续展示第二段文字。

结果发现，大部分被试者没有凭借第一段材料为吉姆"定性"，而是根据第二段文字对吉姆重新做出了评价。

由此，卢钦斯推断：如果在给人先后提供两种不同信息的时候，中间加入其他"不相干"的事情，那么后面的信息就会对总印象的形成产生较大的影响。

事实上，近因效应在我们的现实生活中也是常见的。比如，一个人平日里无所事事，街坊邻居都厌恶他，但他却在某一天做了一件对街坊都有益处的事，街坊就会对他从此"刮目相看"；又如，一个人平时做了很多好事，得到了周围人的称赞，但只因为做了一件"坏事"，就开始被人痛恨。前者是积极的近因效应，后者是消极的近因效应。积极的近因效应可以冲淡或磨灭最初的坏印象，而消极的近因效应可以抹杀最初的好印象。

5

宁可一开始出错，也不要后来出错

在说服活动中，我们可以运用积极的近因效应来弥补初次见面时的失误，但不能在熟悉之后让对方产生消极的近因效应。

有一个年轻的房产销售员因为尽心尽力帮一位中年女士找房子，给她留下了善良、踏实、有礼貌的好印象。

找好房子入住之后，中年女士就把这个销售员当"儿子"来看待，对他格外照顾，不但经常邀请他到家中吃饭，还常常送给他一些实用的礼物，如保温杯、雨伞、热水袋等。

销售员最初不肯收，但次数多了，也就盛情难却了。后来，他不但对中年女士的礼物不再拒绝，甚至还随便使用她的东西，如电脑、传真机、汽车等。

看到销售员的行为，中年女士虽然没有当面说什么，但是却对他没有以前热情了，不再邀请他到家中做客，也不再送他礼物，甚至在路上见到后也会装作"没看见"而匆匆走开。

也许有人会说，不好的印象可以在后面的接触中弥补。话是这么说，但在实际活动中，我们可能会因此而彻底失去与说服对象沟通的机会——

因为对方已经从我们这里习得了"厌恶"。

什么意思呢？这就要说到心理学中的"厌恶学习"。

6 厌恶学习

厌恶学习是这样一种现象：如果一个人在与某事物接触时，多次受到有害的刺激，那么他就会在以后的行为中厌恶和回避这种事物。这一心理最早是由驱赶老鼠的农夫发现的。

起初，农夫们总是散播毒饵来消灭老鼠。然而，随着时间的流逝，农夫们发现这种灭鼠方法并不管用——对于设置好的毒饵，老鼠只吃一点点就跑开了。所以，毒饵只会让它们生病，却不会毒死它们。而且，只要老鼠在尝过毒饵后生病了，它们就不会再去碰这些食物了。

后来，农夫们将这一现象报告给当时的权威人士，但是并没有引起心理学家的注意。直到 1920 年，美国著名心理学家华生才据此做了这样一个实验。

首先，研究人员让一位 11 个月大的小男孩阿尔伯特同一只小白鼠玩耍，并用手抚摸它，从而让阿尔伯特与小白鼠成为好朋友。

之后，当小男孩伸手抚摸小白鼠的时候，研究人员就在小男孩的背后用铁锤猛烈地敲击铁板，从而制造出令人恐怖的巨大声响。

如此多次之后，小男孩不再触摸小白鼠了，甚至在看到小白鼠的时候流露出恐惧的表情。

这时，研究人员又分别在小男孩面前重复了小白兔、带绒毛的玩具、毛皮大衣的实验。结果，这个小男孩一看到这些物品，就会流露出恐惧的表情，并仓皇逃跑。

十多年后，曾经参与此实验的研究人员在对小男孩的跟踪调查中发现，小男孩虽然已经知道这些毛茸茸的东西并没有什么好怕的，但还是会莫名其妙地厌恶、排斥它们。

由此可以看出，虽然厌恶和恐惧是人类本能的情绪反应，但厌恶或害怕的事物却是后天习得的，人们不会没来由地"讨厌"或者"反感"。所以，说服对象不会无缘无故地讨厌一种商品，更不会无缘无故地讨厌我们。如果一个说服对象对我们或者我们的劝说内容抱有"厌恶""回避"的情绪，那么他很可能受到过与此相关或类似的不愉快刺激。

有一位女士从来不吃西餐。每次与朋友、家人或者商业伙伴聚餐时，都选在中餐厅，吃传统的中餐。

有一次，一个从海外回来的朋友想给她一个惊喜，就在一个知名的西餐厅安排了一场"烛光晚餐"。结果，当她下车后发现聚会是在西餐厅时，一句话都没说转身就走了。

第二天，她为自己的行为向朋友道歉时，说起了自己"厌恶西餐"的故事。

大学时，她与一些好朋友一起到市中心的西餐厅吃饭，其中还有她心仪的男生。由于是第一次吃西餐，她不知道怎么点、怎么吃，就学着其他人点了一份牛排、一杯咖啡。

然而，意想不到的事情发生了。吃牛排时，她不会使用刀叉，牛排被切得到处都是。看到这种情景，服务人员和同学们都忍不住大笑。虽然服务人员帮助她切好了牛排，但这件事却成为同学们餐后的笑料，"西餐"由此成为她的一个禁忌。

虽然她在后来接受了正规的西餐礼仪培训，而且已经熟练掌握了西餐礼仪，但她还是对西餐采取"回避"态度。

　　既然知道了厌恶产生的原因，那么有什么方法可以消除消费者的厌恶情绪和行为呢？

　　在华生的厌恶实验之后，他的学生琼斯也做了一个经典的"治疗厌恶"实验。

　　实验的参与者是一个患有皮毛恐惧症的 3 岁小男孩。这个小男孩不知从何时起，就害怕一切带毛的物体，尤其害怕兔子。

　　实验开始后，琼斯的助手先给小男孩一些他喜欢吃的食物，然后在他津津有味地吃的时候，把一只关在笼子里的兔子逐渐移近。

　　在移动过程中，一旦小男孩表现出不安的情绪，琼斯的助手就会立即将笼子移远一点。而琼斯就会赶紧用他喜欢的食物哄他开心。

　　等到他再次平静之后，琼斯的助手会进行进一步的尝试——继续让笼子靠近小男孩。如此反复多次之后，小男孩对关在笼子里的兔子不再恐惧。后来，在进一步的治疗中，小男孩也不怕兔子从笼子里跑出来了，最后竟然喜欢与兔子一起玩耍了。

　　由此，研究人员推断，通过消除厌恶刺激，建立愉快的刺激联结，就可以达到减弱或消除厌恶反应的效果。

　　可见，面对有厌恶经验的说服对象，不管厌恶的根源是否在我们，我们都不能对之弃而不管，而应该想方设法将他所厌恶的事物与他最喜欢的事物联结起来，用愉快的刺激体验来引导他忽略曾经受到的刺激，从而帮助他摆脱"厌恶""回避"的情绪。这其实也是积极的近因效应。

　　所以，我们在每一次与说服对象沟通时，都要尊重对方，对其以诚相待，千万不能因为任何理由而掉以轻心、忘乎所以。如此，才能通过"最近的行为"保持原有的良好形象、替换掉原有的不良形象。

Chapter 19

第十九章

信念固着

你无法让别人承认错误，除非他自己
知道错了。

1

想让对方转变态度，自己先要转变态度

说服意味着让对方转变态度。这并不是一件容易的事情。很多时候，我们越是想让对方放弃自己的想法，对方就越会坚持自己的想法。但这也不是一件特别困难的事情，因为当我们转变态度的时候，对方也会转变态度。

有一位销售怀特载重汽车的销售员，虽然没有受过什么教育，但是因为当过多年的载重汽车司机，而对这种汽车非常了解。也就是说，他的专业知识非常好，但是入职半年多了，还没有成功卖出一辆车。

大部分客户在听到销售员推销怀特汽车时，都会提出一些对汽车的质疑，甚至说一些贬损的话。这让那位销售员无法忍受，他经常会恼怒地截住客户的话头，并开始反驳。而几乎每一次，他的反驳都能够成功，客户常常无话可说。尽管如此，还是没有人购买汽车。

后来，这位销售员在戴尔·卡耐基的提醒下，开始尝试用"成人"的心态与客户交流。

当他走进客户的办公室，向客户说明来意时，如果客户说："怀特汽车，我不考虑。别说买，就是送给我我也不要。我打算买胡雪公司的卡车。"销售员不再像从前那样反驳，而是顺着他的话语说："您说得对，胡雪的卡车确实不错，是大品牌，销售员也很能干。如果你买胡雪的汽车，相信不会有错的。"

客户在听到这些话后，往往不再说胡雪车子的好处了，反而想听销售员说说怀特汽车。这时，销售员就会抓住机会向客户介绍怀特汽车的优点。

就是靠这种方法，怀特公司最差的销售员变成了最优秀的销售员。

明白这种方法是什么了吗？那就是，不要指责说服对象的谈话漏洞，不要试图说服对方，而要迎合他、肯定他，他才会耐心地听你说话。因为当你指责对方的时候，就会激发对方的"信念固着"。

2

令人视而不见的信念固着

信念固着，即人们一旦对某项事物建立了某种信念，尤其是为它建立了一个理论支持体系后，就很难被打破、推翻、否定，即使是相反的证据与信息出现时他们也往往视而不见。

心理学家洛德以一些大学生为被试者证明了这一心理。

在这些大学生中，一半人支持死刑，一半人反对死刑。心理学家调查的就是他们对两种假想的关于死刑是否合理的研究结果的评价。

结果发现，无论持支持还是反对的观点，学生们都比较容易接受与他们观点相同的证据，而会极力批评和反对与己观点相悖的证据。比如，支持死刑的学生较容易接受那些认为死刑合理的研究，反对那些认为死刑不合理的研究；而反对死刑的学生则相反。

在随后的研究中，研究人员向被试者提供了一些由争论性的论据所组成的混合信息，意在引发被试者对信息更仔细的思考，然后促使其猛烈地批驳相反的观点；结果双方都将论据知觉为支持自己的信念，并更加坚持自己的原有观点。

可见，一旦一个人确信一件事或一个观点，便会坚持认为其是正确的；而他人越是想证明其信念的错误性，人们反而会更加坚信自己是正确的，因为人们会自动对挑战自己信念的信息持封闭态度。这就会形成一种"自证偏见"。

3

自证偏见

自证偏见是指这样一种现象：与寻找证据证明自己的信念错误相比，人们更愿意寻找证据证明他们是对的。因为人们一旦在头脑中形成一个信念、想法、观点，就会对能验证其观点的信息敏感，对证明其观点错误的信息迟钝、忽视。

比如，如果一个人赞同某个观点（尤其是自己提出的观点），就会举出众多理由——数据的、图片的、事实的、分析的理由等，来不断支持该观点，以使其看起来越来越正确；如果认为哪个说服人员不够礼貌，就会下意识地关注其言行中的负面信息，以证明他确实不是一个有礼貌的人，从而对他越来越轻视。

这就意味着，如果一开始说服对象就有自己的观点，且这个观点与我们的观点不同，那么要想说服他相信自己的观点有缺陷或者是错误的，将会是一件非常困难的事情。

周一一早，一个公司的会议室内就坐了满满一屋子的人——大家正要讨论一个重要问题。

这时，有人提出了一个想法，并暗示自己的想法是唯一正确的。这种暗示马上被其他人发现，很快，就有几个人站出来表示反对，并用各种事实加以辩驳。接下来，最初暗示自己想法正确的人，觉得自己受到了攻击，便开始反击——训斥反驳之人的观点，再次强调自己观点的正确性。

看到这一幕，那些掌握关键信息的人陷入了沉默，而那些没有拥有多少信息的人，觉得自己的利益受到了损害，情绪高涨，纷纷反驳他人，或者说出自己的想法。

接着，所有的人都开始争先恐后地说话。原本慎重使用的措辞和试探性沟通的观点也渐渐地被各种绝对化表达取而代之。每个人都高声强调自己的看法如何准确。结果，没有人愿意继续聆听其他人的观点，大家不是陷入赌气式的沉默就是对彼此"暴力"相向。会议室变成了战场，没有一个人成为赢家。

为什么会变成这样？

所有这一切都是从一个错误想法开始的。这个错误的想法，就是"我是唯一正确的"。

当人们坚信自己是正确的、别人都是错误的时候，他们就会开始想方设法强迫他人接受自己的观点——在他们看来，这是非做不可的事情。什么自由交流、什么共同目标、什么当务之急、什么理性、什么冷静，都会被他们抛诸脑后。这个时候，他们会觉得根本没必要站在他人的角度去想问题，没必要倾听他人的想法，因为他们自己就是正确观点。而且，维护自己的正确观点就是他们的责任。为它与他人发生争执，是一种光荣的行为，是性情中人的举动。

当然，这并不意味着在他们眼里，对方都是坏人。他们与其他人发生争执，只因为他们觉得对方不了解问题的真相。而他们的争论和解说，恰恰就是在为消除对方的幼稚想法和狭隘偏见努力奋斗。

这种想法当然是错误的，但却存在于人们的脑海中，冲击着他们的理智。只因为，他们总是认为自己才是最关键的。

自己才是最关键的，所显现的是人性中一个根深蒂固的特性：自我中心主义，即以自己为中心来解释世界和处理事情。

譬如，与朋友闲谈时，人们会很自然地将话题引到自己身上来；在看一张合影时，每个人基本上都在第一时间用目光扫描自己的位置，搜寻着自己，首先找到的也都是自己。

人们总是自我地组织着自己的思想、感情和行动，认为"我"才是根本，并因此而做出相应的行为。当说服对象这么做的时候，说服者也在这么做。这样，矛盾就不可避免地出现了。

4

主动思考，就会妥协

无数的实际案例告诉我们，对于处于信念固着中的人们，不管我们采取何种程度的威逼利诱，他们都是不会轻易妥协的。但是，这并不意味着我们的说服活动就要在此停止。因为一个人不会被我们说服，却可以被他自己说服。

心理学家洛德后来重复了对死刑的研究，与之前不同的是，增加了一个实验条件——要求被试者从相反的角度来考虑一下问题，问自己："假设我是一个持相反观点的人，我是否会在这个研究中同那些持相反观点的人得出一样的结论呢？"

结果发现，当从相反的角度考虑这些问题后，被试者们不再像以前那样不客观地固执己见了。

所以，如果对方坚持己见，我们不妨试试这个新方法：不要用言语反驳他，而要用行动引导他主动对我们所提出的相反的、不一致的观点做出解释。还记得前文提到的那两位清洁产品推销员的经典案例吗？

显然，滔滔不绝的诉说或者反驳并不能消除说服对象的偏见，但是，实际行动的引导，却可以让说服对象主动放下有偏见的观点。

Chapter 20

第二十章

逻辑依赖

　　想要说服他？没有调查，没有证据，
你就没有发言权！

1

说服不是能说会道就够了

很多人都以为从事劝说工作的人都必须有好口才，讲话伶俐，能说会道。我们不能否认，拥有好口才的人的确能在较短的时间内把比较复杂的事情说清楚，并赢得他人的好感，但是，若想要说服对象放下戒备之心，仅有嘴上功夫是不够的，还需要清晰的头脑。

一位顾客想要在市场购买一些家装瓷砖，但怕受骗，就先了解了一些基本知识。比如：瓷砖的材料虽然都是泥沙石，但因产地不同、工艺不同而出现较大的质量和价格差距；就目前来说，在全国主要的五个陶瓷生产地广东、山东、福建、河北、上海中，广东瓷砖的质量最好，山东瓷砖最便宜、好看，但是土质不如广东瓷砖、四川瓷砖和江西瓷砖；等等。

之后他来到家居建材市场"实地考察"。一进市场大门，他就看到一个瓷砖品牌的优惠广告：××陶瓷 600×600 的大地砖原价 325 元，现价 64 元，且买十送一。依照广告上的地址找到该品牌的专卖店后，他就开始询问一些产品的信息，但导购小姐却不能做出让顾客满意的回答。

在问到墙砖的优惠项目时，她回答"不用买墙砖，都买地砖就行了。地砖经过切割，可以做墙砖用。切割费 7 元一平方米，磨边费 5.5 元一平方米"；在问到产地及其差别时，她说"公司在上海，但是在广东也有厂"，且说不出各地瓷砖的差别；在问到质量时，她说"这里的瓷砖都是 7000 吨级的大机器压出来的，保证结实"，可是据顾客自己的了解，机器有 1200 吨和 1700 吨级的，没听说过 7000 吨级的；在看釉面砖时，她说"釉面砖都是国外进口的"，却说不出是从哪个国家进口的。

最后，顾客带着怀疑的心情离开了这家专卖店。

面对客户的问题，模糊不清的回答只会增加客户的疑心，不会引起客户的好感。所以，优秀的说服者应该具备一些跟说服内容有关的专业知识。如此，我们才能打消对方的疑虑，让对方接受我们的劝说。

2 科学、专业的话语才可信

事实上，在有关身体健康方面的广告中，如关爱牙齿健康的广告，我们经常可以看到身穿正装，表现沉稳、专业的人士，并且用严肃、科学的口吻告诉我们存在的问题、应该如何预防和治疗等。

而作为消费者的我们，非常容易被类似的标为"科学性"的广告所说服，并不自觉地将问题套用在自己身上，一经核实相似，便会购买该产品。

这利用的正是人们对"科学"的认同，对应了这样一个道理：说服力的关键在于论据。当论据比较有力且令人信服时，人们便很可能被说服。

著名的人际关系学家卡耐基遇到了难题：因讲课而租用的大礼堂在租金方面出了问题。礼堂是旅馆的，旅馆经理告诉卡耐基若想继续租用，则要支付比原来高三倍的租金。当时卡耐基已经向社会大众发出了课程通知，并且自己不想多付租金，如何解决这个问题成了他的首要难题。但他知道的是，"他们感兴趣的就是他们想要的东西"。于是一场说服上演了。

卡耐基对旅馆经理说："突然接到你们的通知，确实有点震惊。不过这也不能怪你。你是经理，让旅馆尽可能地盈利是你的责任，假如我处在你的位置，我也许同样如此，否则，你的职位难保。但是，我希望你仔细考虑一下这样做是有利还是不利。"

卡耐基停了一下，接着说道，"有利的是，如果租礼堂的不是我而是办舞会、晚会的，则你可以获得很高的收益，因为他们使用场地的时间不长，一次也能付比我要多的租金；而不利的是，因为我付不起你的租金，所以我势必走人，然后找别的地方，这相当于降低了你的收入。不得不提醒你的是，我的学员来自各行各业，很多是有文化、受过教育的中上层管理者，他们来这里对你来说无疑起了免费的广告作用。而且，即使你花钱做广告，也未必能有这么多人来现场参观，所以最不合算的其实是你。"说完，卡耐基就离开了。

结果，旅馆经理心甘情愿地做出了让步。

对商业经营者来说，最重要的莫过于利弊的把握。因此，有力的利弊分析，自然是最有说服力的。相反，如果证据不够、分析无力，那么思维缜密的人会很容易注意到其中的漏洞，并随即反驳。

3

有时，再多的证据也没用

需要说明的是，尽管人们信奉证据和逻辑，但并不是每个人都会被带有证据的劝说说服的。有的人可能并不买账。

一位香港商人独资开设一家印刷公司已有八年之久。八年期间，公司员工流失率低，司龄最少的也有四年。

人们为什么愿意待在这里呢？因为香港商人的管理原则是强调自发，他认为做事"要对得起自己、对得起别人"。所以，他不会刻薄地对待员工，也没有制定太多规章制度来监督员工。而公司的业绩一直都不错，他与雇员之间相处得也十分融洽。

近年，香港商人开始发展内地业务，在厦门开设了新的印刷厂。由于实在无暇兼顾香港公司，于是他决定招聘一名总经理专管香港公司的业务。经过千挑万选之后，他找到了一名青年女子，任命她为香港公司的总经理。

这名青年女子在美国读过MBA，且在那里的知名企业做过多年的管理者，拥有世界一流的管理知识和管理理念。她刚到这个印刷公司不久，就发现公司的制度太少，员工的管理根本无章可依、无规可循。于是，她提议大幅改革，引入严明的管理制度，使公司有效运作。

香港商人认为，如果青年女子的意见可以提高公司的生产效率，不妨试一下。所以，他决定放手让她去做，而自己则专注于内地业务。

但出人意料的是，不到半年，香港商人就收到了一封签有二十多名员工联名的投诉信。信中指责这个新总经理制定的规章太多、太严，不近人情。

例如：一位司龄六年的员工，仅仅因为连续三天都迟到了十多分钟而被开除了；一位员工因为家里有急事没有去上班，就被新总经理以旷班为由扣了他当月的全部奖金，只给他发了基本工资；一位员工在工作时间与同事开了句玩笑，被新总经理按"规定"罚了100元；等等。

这些员工一致表示，他们虽然经常不遵守上班时间，但是他们的工作从来没有耽误过。若是上班晚了，就会自发地在晚上晚点下班，直到把当天的工作做完才会离开；如果因事没有去上班，也会在周末主动到公司加班或者在家加班，把工作做完。但是，新总经理却不理会这些，只是一味地强调"以公司的新章程办事"。

最后，他们在信中表示，虽然说"有规矩才有方圆"，但一切都严格按规章制度执行的公司，即使能让他们赚得很多钱，也不会让他们长久地留下来。因为这样的公司已经不是他们心目中的那个"家"了。

看到这样的信，香港商人在衡量一番之后，决定与这位青年女子沟通，让她更改管理制度，或者让改革步伐放慢一些，以便老员工能够适应。但是，这位青年女子并不接受这个建议。她坚决认为，"无规矩不成方圆"，这些老员工如果适应不了新规则，完全可以辞退他们，重新招聘新员工。

最后，香港商人见说服不了这位新上任的总经理，就给了她一些补贴，让她走人了。

在这个案例中，香港商人的建议挺有道理，其证据也是充足的，为什么却无法说服这个青年女子更改规则呢？就青年女子而言，自己的方法也是足够科学的，但为什么就无法说服这个香港商人支持自己呢？

心理学家哈罗德·凯利认为，人们在试图解释他人的行为时，会用到三方面的信息：共同反应、区别性和一致性。也就是说，人们会从普遍的常识性（共同反应）出发，把个人的行为和普遍性相比较，如果与这种行为普遍性一致，那么就归结于外部原因——认为是外界的原因；如果具有区别性，那么就可归结于内部原因——认为是当事人本身的原因。

举个例子来说，如果一台机器，某人操作时出现了错误，而他在用其他同类机器时并没有问题，则是这台机器出了问题；相反，如果他在用任何其他同类机器时都出现问题，则一定是这个人自身的原因。

这是最基本的常识，似乎不需要心理学家来"发现""研究"。但是，这只是表象，实质却是，当一个结果出现时，人们会从这个行为结果推导其背后的意图和动机——这个推导过程中，所依赖的证据全部是自己所拥有的信息。也就是说，人们拥有什么样的信息，就会把这些信息与结果联系起来，做出什么样的解释。由于这些信息很可能并不全面，因此，这种解释只是最大地趋向、接近事实。但是，人们在做出解释之后，就会将其确定为事实、真相，甚至理所当然。

这时，不管他人再拿出什么样的证据来反驳，都没有用了。

所以，如果想要用科学、富有逻辑的证据来说服对方，我们就需要知道在什么情况下，人们才会信服证据。

4
人们如何才会信服证据

研究说服的心理学家发现，劝说过程中有许多因素会影响到劝说的效果，如说服内容的论据、事实逻辑，信息源的专业性、讲话的长度等。于是心理学家们开始思考，在劝说中应该强调哪些因素才能得到更好的劝说效果。

1986年，心理学家佩蒂和卡乔波通过研究提出了两种劝说途径：中心途径和外围路径。中心途径是指人们有动机、有能力专注于沟通中的逻辑论证、思考内容的劝说方式。外围路径是指人们不思考沟通中的论据，而受周边线索影响的情况。为了证明这两种劝说途径的作用，佩蒂设计了以下实验。

佩蒂以大学生作为实验对象，要求他们去听一个演讲，这个演讲的主要内容是学生们在大四毕业前是否需要通过主修课的综合考试。

需要说明的是，在这个实验中，不同的被试者需要接受三个变量的不同程度处理：卷入水平、信息源、论证强度。这些处理是这样的：

对于第一组学生，研究人员告诉他们，"目前学校正在考虑实施演讲中所提及的措施，也就是说，演讲的内容是一件非常现实、与自己高度相关的事情"以及"演讲人是某大学的著名教授"。

对于第二组学生，研究人员则对他们说，"学校要等到10年后才会考虑实施演讲中所提及的措施，演讲的内容对他们没有多大的影响"以及"演讲人只是一名高中生"。

对于第三组学生，研究人员告诉他们，"目前学校正在考虑实施演讲中所提及的措施，也就是说，演讲的内容是一件非常现实、与自己高度相关的事情"以及"演讲人只是一名高中生"。

对于第四组学生，研究人员则对他们说，"学校要等到10年后才会考虑实施演讲中所提及的措施，演讲的内容对他们没有多大的影响"以及"演讲人是某大学的著名教授"。

之后，研究人员又把这四组学生各自分为A组和B组，然后让所有A

组的学生去听论据充足的演讲，演讲中指出大学的教学素质会因综合考试而改进；而让所有 B 组的学生去听论据并不充足的演讲，演讲的内容大多是空泛的、主观的叙述。

听完演讲后，所有被试者被要求填写一份关于评价演讲内容的表格，表格中的每一项内容都有从 -10 到 +10 的评分。

通过统计被试者的评分，研究人员发现，在高卷入水平的被试组中，论据的质量比是否来自专家的意见更能说服人；而低卷入被试组中，被试者们则更多地受到信息是否来自专家的影响，而较不重视论据的质量。

也就是说，如果劝说内容直接关系到说服对象的利益，那么说服对象更容易被证据十足、富有逻辑的劝说说服；如果劝说对象还没有意识到劝说内容的重要性，那么他可能会更在乎专家或者权威的意见，而不会轻易地相信说服者的劝说，即使说服者把话说得头头是道也无济于事。

5

越了解，越信服

此外，心理学研究发现，"卷入程度"也会影响到说服效果。人们对于一个事物的卷入度越高，通常来讲就会越愿意为这个事物付出更多。

什么是卷入度呢？卷入度可以理解为对某个活动、某个事物、某个产品与自己的关系或重要性的主观体验状态。这个概念在广告营销学中并不陌生，是由媒介传播学研究者麦克卢汉在 1964 年提出的。后来，心理学家对这一概念进行了延伸——心理学家谢里夫指出，卷入度存在于任何关乎个体自我态度和再现价值观的事物中——才变成了我们在说服中需要学习的理论。

以体育营销为例，我们都知道，去现场看球赛的人一般分为两类：一类是正巧别人给了票，出于好奇或者陪朋友一起去看，自己对这种体育赛事并不了解；另一类人则非常痴迷于这种赛事运动，自己也会组织参与业余比赛，他们对体育比赛或者参赛选手有着强烈的认知和情感，并且克服一切不利因素到达现场或者通过媒体观看体育比赛，他们是体育比赛最忠诚的消费者。

通常情况下，第一类就是低卷入度的消费者，第二类就是高卷入度的消费者——当人们能够为了看球赛而请假，并积极参与运动实践时，就说明这个赛事对他们而言相当重要，他们也因此能够成为体育赛事的忠实消费者。他们会积极地购买体育彩票、购买赛事纪念品、形成球迷自组织，使消费更加有规模性、群体性和规律性。

可见，卷入程度直接影响人们的态度和行为。

这就告诉我们，如果我们能够提高说服对象对事物的卷入程度，我们就有机会改变他们的态度和行为。

1980 年，受日本汽车的冲击，福特汽车出现了成立以来的第一次亏损——短短三年亏损总额达到 33 亿美元。与此同时，福特汽车内部工人的不满情绪与日俱增，甚至举行了多次罢工。

从 1982 年开始，福特公司实行"全员参与制度"，鼓励员工参与公司事务的管理，从而改变了公司管理者与员工的对立关系，福特公司从此出现了转机。

"全员参与制度"的主要内容是将所有能够下放到基层管理的权限全部下放，不断征求员工们的意见。由于这次改革激发了员工的参与意识，员工的独立性和自主性得到了尊重与发挥，积极性也随之高涨，从而提高了工作效率。

只要是与自己有关的事情，每个人都有一种强烈的参与意识，都有一种"想要了解更深"和"想参与其中"的欲望。强化事物与说服对象的关联性，就会促使他们产生一种主人公意识，心甘情愿地做出改变。

　　有一个不怎么爱说话的汽车销售员，在入行三年以来，一度成为店里的销售明星，甚至是销售冠军。这一切，凭借的都是他对产品的高度了解和熟练的驾驶技术。比如，他曾接待过这样一位女性顾客。

　　这位女性顾客并没有打算在这个店买车，她只是恰巧路过这里，顺便看一看。而且，她在浏览了店内汽车的价位之后，就已经打算离开。因为这些车根本不入她的眼。她的家中有奔驰、沃尔沃等多款高档轿车，在她看来，只有价格超过 50 万元的汽车才能开。

　　了解这些情况之后，销售员并没有就此放顾客离开，而是希望她能感受一下汽车的性能。这位女士也没有什么重要的事情，就答应了销售员。

　　在将女士引入副座并为她系好安全带后，销售员自己坐在驾驶座，发动汽车，将车开上车辆稀少的弯道，加速、让汽车飞快往左边冲去，然后在快失控冲出车道时回到正常路线上……

　　这种生死一线的体验，让女士感觉非常刺激——"就像在拍电影"。等"试驾"结束，该女士就改变了观念，当即购买了销售员推荐的那辆品牌并不响亮、价格也不昂贵的汽车。

　　这是依赖"尝试"来提升卷入度的方法。

　　当然，除此之外，一定还有很多别的方法，这就需要我们自己去挖掘。关键只有一点——那就是让说服对象相信，这个事物与他的利益有着密切的关系。

Chapter 21

第二十一章
同侪压力

让人们改变的驱动力，大多来自同侪间的嫉妒和攀比。

1 来自同龄人的压力

有时候，人们的妥协并非心甘情愿，而是出于周围的压力。

有一位中年男子，事业渐趋稳定，家庭生活也非常美满，最近他想买一辆代步工具——汽车。

他来到汽车4S销售店，刚转没多久，一位销售员过来开始与他交谈："先生，确定哪一款了吗？"这位中年男子没有说话，摇了摇头。

于是，销售员说道："那不妨让我给您推荐一下吧，据我们的观察，跟您年龄差不多的人，最近购买的一般是×××款，你也可以考虑一下。"

男子问道："是吗？有几个人买的那一款啊？"

销售人员回答说："差不多七八个人了。我想，与这几个人一样，您也想要一款安全性能不错的车吧，毕竟像您这个年龄的人们，图的就是一个安全。"

男子回应道："那倒是，没有什么比安全更重要的了。"

见男子肯定了自己的说法，销售员趁热打铁地劝道："就是啊。如果您愿意的话，不妨和我去F区看看这一款车。"

男子没有回应，但眼睛已经随着销售员指的方向望去了。

结果，这位男子去看了这款车，并且买下了它。

这是一个销售案例，我们不难从中看出销售员推销成功的关键性一步，就是告诉顾客"跟您年龄差不多的人，最近购买的一般是×××款"。这是在施加压力——来自周围人群的压力——这种压力很容易让人屈服。

2

同侪的压力

每个人都会受到周围人的影响，团体是一种整体意义上的影响，而其他人——并不一定是同一团体中的人——也在影响着人们，其中比较明显的"他人"，便是同侪。

所谓同侪，即一个人的同辈，可以是与他年龄、地位、兴趣等方面相近的朋友，也可以是他所认识的其他人，甚至是泛指意义上的所有与他年龄相当的人。而同辈的一言一行，有时会像无形的网一样罩着一个人，让他无法摆脱，并受其影响而改变自己的言行，这便是同侪压力。

追求形体的美——瘦——曾一度成为少女对自己体重关注的原因，她们关注他人对自己的看法，关注同龄人的表现。节食便是受到同龄人压力而做出的选择，并且相当一部分人会说自己的朋友也在节食。

女性选择节食，事实上并没有明显受到他人的说服，而是同侪压力无形影响的结果。为什么会这样呢？

这是因为，人都是群居的，没有谁可以单独地生存在这个世界上。但是作为一个个体，每一个人都希望自己被他人接纳、受他人肯定，希望自己在社会的群体中有归属感。此时，我们自己的行为表现就会很容易地受到他人看法的影响。

而在所有的"他人"之中，我们更加在意的是那些与自己在年龄、地位、兴趣等方面相近的那部分人。在与其进行社会互动的过程中，他们对我们的评价和看法，有时候会直接影响到我们的言行或论断。而这些人，便可以称之为同侪。

关于同侪的影响，卡尼曼做过这样一个调查：

他向被试者提出这样一个问题：假如在物价、工作要求相同的情况下，有以下两种工作可供你选择。你会选择哪一种？

A. 自己一年挣 7 万元，其他同事年收入为 6 万元。

B. 自己一年挣 8 万元，其他同事年收入为 9 万元。

按理说，薪酬越高的工作越受欢迎。然而，卡尼曼的这一调查结果却出人意料：大部分人选择了前者。

这个实验给我们的启示是：我们拼命赚钱的动力，大多来自同侪间的嫉妒和攀比。这种心理正如 20 世纪 20 年代美国知识生活的中心人物门肯所说的："只要你能比你小姨子的丈夫（连襟）一年多赚 1000 元，你就算是有钱人了。"

这也许可以解释，在贫穷国家，很多人的生活要比欧美人想象的快乐。生活在贫穷地区的人们，即使没有宽敞漂亮的房子，没有电视机之类的家用电器，但由于他们所认识的每个人都和他们一样贫困，他们不用担心邻居比自己富有，不用遭受"比较困惑"的侵扰，因而过得比较快乐。

3

每个人都有"王"之梦

那么，人们为什么会产生同侪压力呢？

心理学研究发现，每个人或多或少都有这样一种心理：我是"王"、我是最强大的、我是最重要的。对于一个人来说，如果别人把他当成最重要的人，他就会感觉到喜悦、欣慰；相反，当别人忽视他，而把其他人（尤其是跟他条件差不多的人）当成最重要的人时，他就表现出自卑、伤心、不安、烦躁及恐惧等消极情绪。其中，消极情绪会让他感觉到痛苦，让他采取行动——要么去阻碍或者伤害那个比自己强的人，要么就是想办法让自己变得更好。其中，前者是嫉妒，后者是社会促进。

关于嫉妒，如白雪公主的后母在得知白雪公主成为最美的人之后，嫉妒心理形成，开始想方设法加害白雪公主；周瑜在了解诸葛亮的聪明才智之后，害怕被他比下去，就开始嫉妒他，设计加害他。这是人们不愿被比下去的"本能反应"，但却是无益的。

而关于社会促进，则是通过与别人的对比驱使自己更加成功。这是我们从小到大的教育中所提倡的，也是理性的做法，人们更加愿意接受。所以，对于遭受同侪压力的人们，我们可以用社会促进的方法说服其做出改变。

那么，社会促进究竟是什么呢？

心理学家特里普利特无意中发现，在自行车比赛中，多人同时比赛得到的成绩要比一个人单独计时获得的比赛成绩要好得多。

受到这个现象的启发，他做了一项实验：他在一所学校中挑选了一组学生作为实验对象。实验过程中他先要求一个学生以最快的速度绕一捆钓鱼线，并记录完成时间；然后要求这个学生和其他学生一起绕同样长度的钓鱼线，同样记录完成时间。结果发现，和大家在一起绕线时，这个学生完成的时间要比单独绕线的时间少很多。

后来，更多的心理学家也意识到了这个现象的存在，就把他人在场（比赛伙伴或观察者）引起的个体活动效率相应提高的现象，叫作社会促进。

社会中的每一个人本身都有很大的惰性，当单独一个人的时候，并不会过多地计较输与赢、好与坏甚至得与失。而一旦出现第二个人、第三个人，乃至更多人的时候，其内心的感觉便会变得大不相同。于是，争强好胜的天性就会不自觉地被激发出来，使其为了某些目标而改变懒惰的态度和行动，如奋斗。

4

奋斗只为不被比下去

为了维护"王"之梦，在看到周围人展开行动之后，人们往往无法再忍受停滞不前的状态。

20世纪，查理·斯瓦伯受聘于钢铁大王安德鲁·卡内基，当上了该公司的总裁。上任后他到辖内的一家钢铁厂考察，发现这家钢铁厂产量下降，就问厂长为什么其他钢铁厂的产量均逐步上升，而该厂的产量却不断下降。

厂长无奈地回答："唉，我好话、丑话都说尽了，甚至拿就地免职、不发工资和奖金来吓唬他们，但是没想到工人们软硬不吃，依然懒懒散散。我是没有办法了！"

斯瓦伯听完厂长的话愣了一下，但没有说什么。当时，正值日班与夜班工人交接班，斯瓦伯向厂长要了一支粉笔，问日班的领班："今天你们炼了几吨钢？"领班回答："6吨。"斯瓦伯就在交接班的黑板上写下：12月1日，日班6吨，然后默不作声地走了。

夜班的领班看到黑板上写的粉笔字很奇怪，白班领班告诉他说："总裁今天来过了，粉笔字是他亲自写的。"

第二天早上斯瓦伯又来到工厂，见黑板上自己写的粉笔字下多了一行字：12月1日，夜班7.5吨。白班领班知道自己输给了夜班，心里很不是滋味，动员白班全体员工努力工作，上班期间不许做私活，不准离岗、串岗，结果炼了10吨钢。

接下来，白班、夜班开展了一场保质量、增产量、降低成本、减少浪费的劳动竞赛活动，产量不断刷新。不久，这家钢铁厂产量跃居公司首位。

不难看出，工人们开始努力工作的根源只是为了不被其他人比下去。

在职场或者其他场合中，这种心态不仅发生在团队之间，还发生在个人之间。

30岁的小雅在一家公司做销售已经三年了，成绩不错，不过她并没有感到满足。

每天早上，她都会在8点钟到达办公室——比行政部的员工还提前一个小时，更不用说她的销售同事了。到达办公室之后，她会集中精力对昨天做一个总结，然后对今天做一个计划，并为今天的客户拜访做足准备。

在9点半左右，她会离开办公室，按计划去拜访客户。之后的所有时间，她要么在客户的办公室与其洽谈合作，要么就在去拜访客户的路上。一直到下午5点半——客户下班的时间，她才会让自己下班。

而下班回家之后，她还会看两个小时的书，一个小时的新闻，以提高自己的沟通能力。

当然，她这么努力是有成效的。每一天，她至少会签下一个新订单。所以，她的业绩是她的团队中最好的。

不过，她不敢松懈。因为她在这个团队中有一个对手——她在大学时期的班长。这位对手比她来得晚，但是进步很快。仅仅入职三个月，其成绩就排在全区第二了。上大学的时候，她的成绩不如这个班长；如今，她不想再被这个班长比下去了。所以，她一直在努力，不敢停歇。

其实，对于很多人来说，工作的压力并不在于他自己能不能把工作做好，而在于他的同事们都把工作做得很好。这是一种竞争的压力；当然，这也是一种动力。

这就意味着，在说服的过程中，我们可以利用其他人的行动来影响说服对象的行动——不管说服对象是一个团体还是一个人。当我们告诉他其他人已经接受，并且获得了好处的时候，他的观点和决心可能就会被动摇。

Chapter 22

第二十二章
从众心理

人们宁愿失去个性，被骂为愚蠢，也不愿意被列为异类而被排斥。

1

地狱发现石油了

与同侪压力类似的，是从众心理。什么是从众心理呢？就是一个人即使知道事情不是那个样子，但是因为很多人都那么说、那么做，这个人也会开始质疑自己的看法，并按照其他人那样去说、去做。

一位石油大亨死后来到天堂的大门口，不料却被天堂的守门人圣吉•彼得拦住："对不起，天堂已经住满了开采石油的业主，没办法再安排你了，你到地狱去住吧。"

这位石油大亨很想让自己跻身于天堂这个灵魂向往的极乐世界，一点都不想到地狱去。于是，他决定想个办法在天堂为自己腾出一个位置。

只见他再次走到彼得面前，对彼得恭敬地说："请允许我在门外跟天堂里的朋友说一句话好吗？"

"好的。"彼得答应了他。

这位石油大亨就站在天堂的门口对着里面大喊了一声："什么！地狱发现了石油？"

话音刚落，天堂里的人就蜂拥而出，天堂一下子空寂下来……

彼得见状对大亨说："上帝！您太聪明了！请进天堂吧！"

就这样，这位石油大亨进到了梦想中的天堂。不过却看到里面空无一人，他等了半天，也不见原本住在这里的石油大亨们回来，不禁开始嘀咕："他们为什么不回来呢？地狱是不是真的发现石油了？一定是。可不能便宜了那帮家伙，我也得去看看。"想到这里，他拔腿就往地狱跑。

尽管石油大亨知道"地狱发现了石油"是自己编造的谎言，但是他最后还是相信了。这是不是很可笑呢？看起来是，但当自己置身于其中的时候，我们说不定也会做出一样的反应。这就是心理学中"从众效应"的影响。

2

从众效应

在社会观察中，心理学家发现人们的态度和言行有一种从众现象，即个体观点、行为跟随众人的现象。研究人员发现个体在受到群体的影响容易怀疑、改变自己的观点、判断与行为等，从而和他人保持一致。

为了得到这种现象的具体证据，研究人员们进行了一系列实验。其中，最有名的是阿希的从众实验。

阿希的从众实验在实验室里进行，实验的被试者是研究人员邀请的学生。每一次实验中都有7～9名"被试者"，他们分别坐在桌旁的椅子上。事实上在这7～9名"被试者"里面只有一个是真正的被试者，其他的都是假被试者，是研究人员找的"托儿"。

在研究人员的安排下，"被试者"们先后走进实验室，而真正的被试者往往被巧妙地安排为最后一个进入实验室。而当真被试者进入实验室时，只剩下一个座位，即倒数第二个座位。所以被试者在研究人员的巧妙安排下坐到了倒数第二个座位上。

"被试者"们坐好后，研究人员拿出了一些卡片，每次他都会向坐着的这些"被试者"展示两张卡片，一张卡片上是a、b、c三条不一样长的线段，另一张卡片上是一条标准线段x。研究人员在向"被试者"们展示这两张卡片时，要求他们轮流大声报告出线段a、b、c中，哪一条与线段x等长。

在实验中，假被试者们按照计划故意向研究人员报告出一些相同的错误答案。比如，明明是a与x等长，他们却向研究人员报告b与x等长。当然，在整个实验中的大部分时候，假被试者们会在安排下说出正确答案。而这一切都是在真被试者不知情的情况下进行的。

研究人员通过记录真被试者每一次的回答发现，即使实验的正确答案十分明显，但真被试者迎合团体的意见还是平均达到了 32%，而在所有的真被试者中至少有 1 次从众的被试者人数占到了 74%。

这个实验影响非常大，很多研究人员都开始重复这个实验，以便验证从众现象的存在。而实验的结果也无一不证明了人们的从众心理——人们的态度和行为也会随大溜。

1982 年，《应用心理学》上刊登的一篇研究报告提到了一个实验。在这个实验里，实验人员挨家挨户请求人们为一项慈善运动募捐，在说服对方募捐的同时，实验人员向每户人家出示一份该小区已经捐款人的名单。

结果，实验人员发现，所呈现的捐款人的名单长度会影响到看名单的人进行捐款的可能性。当名单越长的时候，看到名单的人捐款的可能性就越大。

这就是从众效应对说服力的影响。

3

与众不同的代价

需要说明的是，虽然人们的态度和言行会受到从众效应的影响，但并不是每个人都会随时随地随大溜的。

在一次通用汽车公司的董事会议上，有位董事提出了一项建议，很快就得到了其他董事的支持。

一位董事说："这项建议将使公司大赚一笔。"第二位董事说："应尽快付诸实施。"第三位董事起立表示："实施这项建议可击败所有竞争对手。"

当大部分董事纷纷表示赞成时，主持该董事会议的通用汽车公司董事长艾尔弗雷德·斯隆并没有立即同意，而是提议依序表决。

当然，这在很多董事看来，都是多此一举。因为大多数人已经点头赞成了。

然而，轮到斯隆时，众人却听到了与众不同的声音："我若也投赞成票，就是全体一致通过。所以，我打算将这份议案推迟到下个月再做决定。我之所以这样做，是因为我个人并不认同诸位刚才的讨论方式——大家都把自己封闭在同一个思考模式里了，这是很危险的决策方式。所以，我希望大家用一个月时间，冷静地从各个方面研究过这项议案之后再做决定。"

一个月后呢？这项议案被董事会否决掉了。

为什么有的人会拒绝从众呢？

心理学对这方面也做了深入的研究，在霍华德·弗洛姆金的实验研究中表明：当个体认为自己是独特的且处于中等程度时会产生较好的自我感觉，并且将会以维护自我个性的方式行动；相反，当个体的独特性过低或者过高时，都会引起不适感，这种独特性也就不可能持续下去了。

的确，成为某一个群体中的少数成员是很难受的。比如，众多女性集体中唯一的男性，就会产生一种紧张感、孤立感和压力感；那些感到自己受群体吸引的成员可能更积极地愿意对群体做出反应，而不喜欢成为群体的被孤立者。相反，如果一个人能找到其他与自己立场一致的人，那么他若为一件事站出来，就会容易得多，因为他不算是少数者，这也正意味着另一形式的从众的开始。

当我们观察到其他人持有不一样的意见时——即使这种异议是错误的——也会增强我们自己的独立性。内梅斯和辛西娅·齐丽斯就发现了这一点。

他们让被试者观察四人小组中的一个人错误地把蓝色判断为绿色。尽管持异议的人是错误的，但却能鼓励被试者表现自己的独立性。因为随后的实验中，在76%的次数中，被试者能正确地把红色判断为"红"，即使其他人都说是橙色；而在缺乏榜样人物行为的实验中，被试者的从众次数却高达70%——和其他人一样回答是橙色，而不是坚持红色。

通过这个实验我们看到，人们在大多数情况下会选择与群体保持一致性。要知道，从众最根本的还是大众的行为，当某一种行为跟随的人多了，从一定意义上说，未尝不是一种从众。

不管怎么说，人们的态度和言行很少会是唯一的，更多的时候是跟随着一个群体，即使这个群体在开始的时候并不大。因为"鹤立鸡群"需要承受巨大的代价，这种代价并不是大多数人愿意付出的。

无意识的从众

人们对待事物的诸多态度和行为都是从众的，而人们对此却并不自知。

比如，在高雅的歌剧院观看演出，当节目结束时，人们开始鼓掌，相邻的人们彼此交流着满意的赞赏，接着是一排跟随一排的人都在鼓掌。

这是一场群体的盛宴，我们很难看到有谁在这个群体中郁郁寡欢。快乐是正常的，而苦闷，无论是因何种理由产生，在这个环境下很可能会被认为是非正常状态。

但是，所有的人都是发自内心地因喜欢而鼓掌吗？还是人们被这股浪潮所卷起而不由自主地加入了呢？又或者，不鼓掌就标志着自己并没有感受到这种艺术的韵味，他人会认为自己不懂呢？想必每个人心里都有一个答案。

在一个群体中，人们的行为有时会表现得极为一致。他们会因为他人的失败而流泪、他人的成功而兴奋，即使他人的失败和成功与自己没有丝毫的关系。这是为什么呢？未必是因为同理心，更有可能的是他人反应的影响——他人的情绪因为别人而出现了变动，若自己还是那么冷静，会不会被认为冷血呢？

与这样想法类似的情形在生活中还有很多。

一个比较常见的例子是，当你看到街道两旁对开的两家类似的餐馆，一家门前排了很长的队伍，另一家却冷清得很，你会选择哪一家？大多数人都会去那家排满长队的餐馆。你很可能会想这家人多的餐馆饭菜肯定很好吃，否则不会排起长队。当然，对排着长队的这家餐馆来说，饭菜很可能是可口的，但是，真正受到吸引人的条件却不是饭菜的可口，而是醒目的队伍。

还有一个典型的例子是适逢喜庆之事的"与人随礼"。在亲友的婚礼、孩子的满月酒、长辈的寿宴上，"与人随礼"是一种古老的传统。按理说，随礼或者说份子钱无关大小，只是代表一种吉祥、喜庆。但现在人们在随礼时考虑的却是：×××随了多少钱。结果就是，别人随多少，自己也得随多少——拿少了不好，拿多了也不好。

这样的从众心理，人们已经把它看成一种极为正常的事情了。这就是从众效应的无意识作用。

既然人们的本能反应是从众，那么我们是不是能够利用从众心理去说服他人呢？当然可以。口碑效应就是一个有效的方法。

5

口碑效应

在职场上，我们看到有的销售人员不用挨家挨户地上门推销产品，他只是待在家里或者办公室就会接听到客户的咨询或邀约电话。这其中的秘密就是"口碑"。

口碑效应是指由于消费者在消费过程中获得了满足感、荣誉感而形成对外逐步递增的口头宣传效应。也就是说，如果我们能准确地满足客户的需求，他们就会为我们自觉自愿地传扬口碑。

一天傍晚，两位中年妇女在某个小区外的街道上散步，走着走着就聊了起来，了解到彼此都住在这个小区，较年轻的妇女刚搬来不久，对周围的环境还不熟悉；较年长的妇女已经在此住了两三年，对小区周围的环境非常了解。

年轻妇女问："那天路过时，我看到前面新开了一家'好又来'超市，一会儿去那儿逛逛吧，我想买点日用品。"

年长妇女说："还是别去了吧。昨天，我到那家店里买东西，排队时，看到店主和前面一个顾客有说有笑的，好像是朋友，结账时给优惠了几块钱；但轮到我时，连一分钱都要收。我就决定以后再也不去那里了。"

年轻妇女说："要是我，我也会生气的。他们交情好，也不能这样，卖给熟人没赚钱，就想方设法多赚生人的钱。"

年长妇女说："是的，你也别去那里了。要买东西啊，就在小区西门旁边的便利店买就行了。那个便利店的老板挺好的，不管熟人生人，都一视同仁，对每个顾客都很热情，该优惠的一样优惠；平时，还会在每月15日定期搞一次回馈顾客的活动，赠些实用的小礼品，顾客进门就有份儿，下次我们一起去。"

"还真是不错！之前我看到他的店面比较小，所以就没去过，想找个时间去大点儿的超市。听你这么讲，不如我们现在就去逛逛吧。"

买或不买，销售成功或销售失败，客户的"口碑"是一个重要因素。因为对单个消费者来说，它是许多人切实的体会，是产品和服务质量"好"与"不好"最有力的证据。

当然，口碑效应并不是唯一的方法。但人们总是喜欢和他人保持一致，我们在试图说服他人时，如果可以适时地利用人的这一心理，必然会达到事半功倍的效果。

比如，我们若想说服对方去做一件事情，可以先举出他人同样做了某件事的例子，然后说一些诸如"某某和某某也去做了一样的事情……""大家都……"等一连串体现人群倾向的话语，那么对方可能就会不自觉地放下戒心，向与人群一致的方向靠拢，丢掉自己可能存在的不一致的看法。这时，我们若继续用证据来说服，就可能轻松地实现预期的沟通目的。

总之，运用这一心理的关键就是让说服对象相信其他人都是这么做的，这么做是可靠的。

Chapter 23

第二十三章

权威服从

当一个人对事物不甚了解时,他的认知和判断就会顺从强者、听从权威。

1 | 权威的意见

在顺从他人的时候，人们最为信服的就是权威的意见。

在美国某大学心理学系课堂上，一位教授向他的学生们隆重介绍了一位嘉宾——德国著名化学家施密特博士。

这位化学家登上讲台之后，从皮包里拿出一个装着液体的玻璃瓶，对学生们说："我现在向大家展示我正在研究的一种物质。这种物质非常特殊，它的挥发性很强，有一丝的缝隙就会挥发出来，但没有什么危害，还有一点点特殊的气味。我可以拔开瓶塞，让你们闻一下。如果谁闻到了气味，就请举起手。"说完，他拿出秒表，拔开瓶塞。不到一分钟，学生们从第一排到最后一排，都依次举起了手。

看到学生们的表现，心理学教授说话了："这位施密特博士只是外校的一位德语教师扮演的，他拿的根本就不是什么化学物质，而是一瓶没有什么味道的蒸馏水。而你们竟然在他'化学家'头衔的暗示下，都认同了他的'谎言'。"

可见，在权威人士的暗示作用下，人们会不相信自己的直觉，而是依赖权威的说法和判断。这反映的就是权威效应。

2 | 对权威的服从

权威效应又称权威暗示效应，是指如果一个人具备地位高、有威信、受人敬重等特点时，那么他所说的话及所做的事就会轻易引起别人的重视和信任，产生"人微言轻、人贵言重"的效果。

这其实是一种对权威人士的服从心理。最早研究这一心理的是美国社会心理学家米尔格拉姆，他所做的"权力服从实验"深入研究了人们在权威下的反应。

1961年7月，实验小组通过报纸广告和寄出广告信的方法，以每小时4.5美元（大约为2006年的20美元）报酬的代价招募到一些年龄在20～50岁、学历不等的被试者。之后，研究人员将这些被试者带至耶鲁大学老校区中的一间地下室。这间地下室有两个用墙壁隔开的房间，被试者进入其中一间，并获知，他们已经被随机挑选为"老师"，隔壁房间的被试者被随机挑选为"学生"，"老师"和"学生"将联合进行一项关于"体罚对于学习行为的效用"的实验，实验过程约1小时。

需要说明的是，事实并非完全如此。因为"学生"并不是由被试者扮演的，而是由研究人员假冒的。也就是说，所有的真正被挑来的被试者都将扮演"老师"的角色。

实验即将开始，研究人员给一位"老师"分发了一张"答案卷"，并告诉他隔壁的"学生"拿到的是一张"题目卷"（事实上，两张纸都是"答案卷"）。然后，研究人员又给"老师"一只据称从45伏特起跳的电击控制器，并告诉他控制器连接至一台发电机，能使隔壁的"学生"受到电击，如果"学生"回答错误，"老师"就可以对学生施以"电击"的惩罚，而错误次数越多，电击的伏特数也会越高。

等"老师"明白了实验规则，研究人员又装作漫不经心地补充了一句："这个'学生'患有心脏疾病。"

实验开始，"老师"根据"答案卷"上列出的搭配好的词语，逐一朗读给"学生"听。朗读完毕，"老师"会进行考试——以单字做题，念出四个单字选项，让"学生"通过按钮选择正确答案。

这看起来很简单，事实上也并不难。在第一个回合中，"学生"的回答非常好；在第二个回合中，"学生"不小心犯了一次错误，遭受了 45 伏的电击，但"学生"没有感觉到痛，甚至认为被"电击"不过如此，于是就在放松的心情下，随意地开始回答。

这种心态让"学生"的出错率越来越高，遭受的电击伏特数也越来越大。"学生"开始感到害怕了，而害怕更提高了答错的概率。于是，他开始在遭受电击痛苦时敲打墙壁、祈求、尖叫……

当然，没有人在实验中遭受电击。在隔壁房间，"学生"是故意答错题的。同时，研究人员会打开录音机，让录音机搭配着"学生"遭受电击的动作来播放预先录制好的尖叫声。

不管怎么说，"学生"的尖叫声还是让"老师"感觉到了不舒服。在电压达到 135 伏特时，很多被试者都提出"暂停实验以检查学生的状况"的要求。这时，研究人员会向他们保证，他们将无须承担任何责任。

如果有人表示想要停止实验时，实验人员会依这样的顺序回复他："请继续""这个实验需要你继续进行，请继续""你继续进行是必要的""你没有选择，你必须继续"。

如此回复四次，如果被试者还是希望停止实验，实验就会停止。否则，实验将一直继续进行到"老师"施加的电压提升至最大的 450 伏特并持续三次。

450 伏特？单凭想象都令人恐惧，"老师"们下得了手吗？在实验开始之前，米尔格拉姆和他的同事们认为只有少数几个人（不超过 1/10）会狠下心来继续惩罚直到最大伏特数——450 伏特。然而，结果却出乎人们的意料，65% 的被试者都施加了最大的、450 伏特的电击惩罚。虽然他们都表现出不太舒服的表情，却没有人在 300 伏特之前坚持停止。

人们为什么会对陌生人如此的残忍呢？一位被试者的回忆能告诉我们答案：

1961 年，当我在进行这项实验时，虽然我相信我是在伤害某个人，但我完全不知道我为什么要这样做。当人们根据他们自己所信仰的事物并服从权力者行动时，很少有人会意识到这一点。

后来，社会心理学家在进一步的研究中，找到了驱使人们服从权威的一些因素。

（1）命令者的权威性

米尔格拉姆在"体罚对于学习行为的效用"（实质是"权力服从实验"）的招募广告中写道，他本人是耶鲁大学的科学家，他所研究的是重大课题，实验地点在耶鲁大学。后来，他进行另一项研究，实验地点在简易办公楼，并声称这项实验由商业研究公司发起。结果发现，服从比例由原来的 65% 降低到 48%。

（2）被试者的道德水平

心理学研究发现，在涉及政治、道德等问题时，被试者是否服从权威，不光取决于其服从心理，更取决于他本人的世界观和政治立场。被试者道德水平越高，就越可能拒绝服从电击的命令，拒绝做出伤害他人的事情。

（3）与权威的靠近程度

在进一步的实验中，研究人员发现，如果研究人员站在被试者的旁边，被试者的服从率为 65%；如果在隔壁房间下达命令，或者有事走到旁边去打电话，被试者的服从率就会降到 25% 以下，甚至还会"弄虚作假"，只对"学生"施加 45 伏特的低电压。

（4）与受害者的靠近程度

在进一步的实验中，研究人员发现，如果"学生"被绑在隔壁的房间里，被试者的服从率是 65%；如果"学生"与"老师"同处一室，被试的服从率会降到 40%；如果"老师"必须把"学生"的手按在一块金属上才能实施电击，也就是亲自来伤害"学生"，被试者的服从率会进一步降低；而如果"学生"处于隔壁房间，且出错后，"老师"只需按一下开关，就会有另一个人对"学生"施以电击，那么 93% 的被试者会把电击电压持续升到 450 伏特。

（5）责任转移

这一问题在实验中已经有所体现。通常情况下，人们对于自己的行为都有强烈的责任意识。但是，如果他们认为造成某种后果的责任不在自己，尤其是有人主动站出来承担责任时，他们就会认为该行为的主导者不在自己，而在他人，之后就会按吩咐行事，不会再去考虑后果。

不管怎么说，人们在"安全心理"的作用下，总是会选择相信权威。因为权威人物往往是正确的楷模，服从他们即会增加不出错的"保险系数"；而且，由于人们普遍认为权威人物的要求往往和社会规范相一致，所以按照权威人物的要求去做，就更可能得到相关方面的赞许和奖励。然而，一个不利的局面也可能因此而出现：过于依赖权威，使人丧失独立自主的决断力和创造性突破的意识。

3
当权威表示认同的时候

因为人们相信权威，所以当权威对一个事物表示认同的时候，人们也会自然而然地表示认同。刘勰和《文心雕龙》的故事就是证明。

南朝的刘勰曾花了五年多时间写出了三万七千多字的《文心雕龙》。然而，由于他本人身名未显，《文心雕龙》问世一段时间后，并没有得到文坛的重视、名流的首肯。

这时，刘勰想到了当时的大文豪沈约。沈约名高位显，在政界和文化界都具有重要的地位。如果《文心雕龙》能获得他的承认，那么就有机会得到学术界的认可。不过，也正由于沈约的这一特点，普通人并不能轻易接近他。

一天，刘勰听说沈约要出城，就背上书囊，扮成小书贩，守在沈约出城的必经之路上。当沈约坐车经过时，刘勰冒险冲闯阻拦，把书送给他。沈约看到刘勰的装扮，不认为他有不良企图，就拿起《文心雕龙》翻开阅读，随即被吸引，认为此书"深得文理"（《南史·刘勰传》），并大加称赞，之后还极力推荐给文坛好友。

由此，刘勰和他的《文心雕龙》才在士林中传播开来。

无独有偶，西方的麦哲伦，也利用权威说服了国王，获得了国王对其航海计划的支持。

我们知道，在航海史上，哥伦布航海的成功，影响了很多人，但也使一些骗子挂着航海的招牌，却做着骗取皇室的信任及金钱的行径。很多欧洲的国王并不十分信任所谓的航海家，相反，他们还倾向于认为航海家都是骗子。

然而，著名的航海家麦哲伦环绕地球一周的航行，也是获得了西班牙国王卡洛尔罗斯的支持而开始的。他是如何消除国王疑虑、获得国王信任的呢？

原来，麦哲伦邀请了著名的地理学家路易·帕雷伊洛与自己一起劝说国王。

路易·帕雷伊洛是人们公认的地理学界的权威，国王对其的信任自然也不例外。路易·帕雷伊洛向国王阐述了麦哲伦航海的各种好处和必要性等，最终让国王毫无异议地同意了此计划。

不难看出，这场说服活动里的关键人物是路易·帕雷伊洛，是他的权威性让麦哲伦对国王的说服轻松实现了。这就是权威对说服的作用。

4

权威的，更有说服力

关于权威的说服作用，心理学家阿伦森、特纳尔和卡尔史米斯曾在1963年设计过这样一个诗歌评价实验。

在实验中，研究人员请来一些被试者，让他们对一些诗歌做出评价。被评价的诗歌其实是选自无名现代诗的九个节段，但是被试者们并不知道。

在被试者们评价完后，研究人员再让被试者读一些别人写下的对此诗歌中某一个节段的评价。在研究人员的设计下，被试者们读到的评价是他们每个人最不喜欢的一节诗歌的评价，而这个评价比被试者的评价要高。

而这个实验的主要处理则在于，告诉其中一部分被试者，他们所看到的评论出于著名诗人艾利奥特，告诉剩余的那部分被试者他们所看到的评论是密西西比州州立师范学院学生斯蒂恩写的。

最后，研究人员再次询问被试者们关于诗歌的评价。结果发现，听说评论是著名诗人艾利奥特所写的被试者比认为评论是学生斯蒂恩所写的被试者，在态度上有更大的改变，这两种被试者的态度改变量相差2～4倍。

可见，在人们看来，权威的、高可信信息源所提供的信息更具有说服力。

5

世界银行的副总裁

至此，我们想必已经明白，如果想要提高说服效果，我们就需要借助权威的力量，先让权威对我们表示认可。怎么做到呢？以下的故事可以给我们以启示。

在美国乡下，住着一个老农夫。老农夫有三个儿子，大儿子、二儿子都在城里工作，只有小儿子和他相依为命地生活在一起。

有一天，一个中年男子找到老农夫，对他说："尊敬的老人家，我想把您的小儿子带到城里去工作。您愿意吗？"老农夫一口拒绝："绝对不行！"中年男子又说："如果我在城里给您的儿子找个对象，可以吗？"老农夫依然摇头："不行！"中年男子继续说："如果你未来的儿媳妇是石油大王洛克菲勒的女儿呢？"老农夫想了想，同意了。

几天后，中年男子找到了洛克菲勒，对他说："尊敬的洛克菲勒先生，我想给您的女儿找个对象，可以吗？"洛克菲勒一口回绝。中年男子又说："如果您未来的女婿是世界银行的副总裁呢？"洛克菲勒同意了。

又过了几天，中年男子找到了世界银行总裁，对他说："尊敬的总裁先生，我向您推荐一个副总裁人选！"总裁先生说："不需要，我这里有很多副总裁。"中年男子又说："如果这个人选是洛克菲勒的女婿呢？"总裁一听，立即同意了。

这个故事虽然是虚构的，因为石油大王洛克菲勒在1937年去世，而世界银行在1945年12月才成立。但是，它却说明了一个道理：权威认可的人，通常更容易赢得他人的信任。

所以，我们可以在言语中多谈及权威的认可，从而来说服作为普通人的说服对象改变态度。

6

选择自己熟悉的环境

除了在言语中利用权威，我们还可以通过环境的改变让自己变成"权威"，从而在潜移默化中影响说服对象。比如，在我们所熟悉的环境中展开谈话。

心理学家拉尔夫·泰勒等人认为，一个人在熟悉的地点比在陌生的环境下更具有说服力。为了验证这一猜想，他们进行了这样一个实验。

研究人员选择了一群大学生作为实验对象。实验中，他们先将这群大学生按照支配能力水平分成上、中、下三等，然后在三个等级中各抽取一半被试者组成一个小组。

接着，研究人员将新小组中的一半被试者安排到那些支配能力较高的被试者的寝室里，将新小组中余下的被试者安排到支配能力较低的被试者的寝室里。

然后，研究人员让每个寝室的被试者讨论大学十个预算削减计划中哪一个最好，并记录寝室中的每一个人都提出了什么样的意见，以及最终的意见是什么。

结果，研究人员统计过每个寝室的结论后发现，学生们讨论的结果大多是寝室主人的意见，即使寝室的主人是整个讨论小组中支配能力处于低等水平的一个。

这就告诉我们，在沟通和劝说中，如果我们可以选择自己相对熟悉，而对方较为陌生的环境，如自己的家中、自己的办公室里，那么对方就更容易屈服。

Chapter 24

第二十四章

自尊取向

越是自卑的人，越喜欢被戴高帽子。

1

请将不如激将

有的时候，说服是需要靠迎合的；也有的时候，说服是需要反驳的。俗话说，"请将不如激将"。激将法就是一种通过反驳来实现说服的方法。

韦德是一个懒散、不屑于竞争的员工。所有的事情，他都喜欢做到"差不多"，从不会想做到更好。这让他的经理非常头疼——因为韦德的"懒散"已经影响了一部分员工的竞争积极性。

因此，经理决定设计让韦德成为一个积极竞争者。

韦德其实是一个骄傲的人。他认为自己的能力很强，且对名和利并不感兴趣，所以就不屑于参与竞争。事实上，他的能力的确很强。许多他人做不来的、比较困难的任务，韦德也都能做到"差不多"。

于是，经理在给韦德布置工作时故意说道："给你布置哪个任务呢？要不，你先回去休息吧。过几天我再找你。"

韦德问："现在没有工作要做了吗？"

经理回答："不是，现在有几项工作，但都是难度比较大的。我打算交给彼得和茉莉娅，不能交给你。"

韦德问："彼得和茉莉娅不是在忙其他项目吗？"

经理无奈地说："是啊，但是这些工作只有他们能做。"

韦德说："你觉得我做不到？"

"我不是这个意思，"经理赶紧解释，"这样吧，我给你讲个故事：老鹰想用它的利爪抓起小绵羊，但它失败了，因为小绵羊比它想象得重，它根本就抓不起来。这个情景被穴鸟看到了。穴鸟觉得自己比老鹰强，一定可以提起绵羊，于是就模仿老鹰的动作去抓绵羊，没想到刚碰到绵羊，它的脚爪却被绵羊弯曲的毛给缠住了，拔不出来。这时，牧羊人来了，把穴鸟的脚爪尖剪掉后，把它带回家了。孩子们看到穴鸟后，便问牧羊人，这是什么鸟。牧羊人说，这是穴鸟，但是它却自以为比老鹰强。"

说完这个故事，经理接着说："我知道你的能力很强。但是，你要挑战的这个任务难度很大，以前从没有人能做好。所以你尽力就行了。你可以学学敢于放弃的老鹰，但不要做自不量力的穴鸟。"

这段话看似是为韦德好，却让韦德深受打击。韦德虽然不喜欢竞争，但是也容不得自己被比喻成"自不量力的穴鸟"，便在冲动之下说："那我立下军令状好了。我若做不到，我辞职；我若做到了，你就在全体员工面前给我升职、加薪。"经理勉为其难地答应了。

之后，凭着好胜的性格，韦德决定无论如何都要把这项任务做好，让看不起人的经理无地自容。于是他废寝忘食地投入到工作中，翻阅各种资料，并耐心地向前辈们请教，总结经验。功夫不负有心人，他终于完成了这项任务，而经理也给了他当初承诺过的奖励。

事后，韦德从他人那里得知，经理给他讲那个故事，并不是看不起他，只是为了激起他的斗志，让他能够做得更好。

不难看出，在这个案例中，经理对韦德所使用的方法就是激将法。

职场中的很多年轻员工都是富有冲劲和理想的，所以他们大多都希望用工作来证明自己的能力。但是由于种种原因，他们可能会不愿意参与竞争，逐渐变得懒散、得过且过。这不但会影响到他们个人的业绩，也会影响团队的业绩，甚至使整个团队的气氛都变得懒散起来。这时，管理者就可以尝试使用这种激将法，让表现散漫的员工重新变得有冲劲。

那么，激将法为什么能够发挥作用呢？

在情绪稳定的情况下，人的行为通常是理性的。换言之，我们希望对方做出某些对我们有利的行为，但对方可能因为这种行为对其暂时的利益有所损失而不愿意去做。如果我们能够用激将法威胁到他的尊严和信心，那么就可以引动他的情绪，扰乱他的理性思维，让他突破平时的理性框架，做出一些我们预期的反应。

也就是说，激将法之所以能够发挥作用，是因为它激发了人们维护自尊的决心。这其实是一种自尊取向。

2 | 维护自尊

自尊取向，即人们的态度和行为的动机是维护自尊。

所谓自尊，其实就是个人能够从心理上感受到的、对外界较好评价的要求和状态。传统心理学把自尊分为高自尊和低自尊。高自尊者，其行为动机在于对自我提高的关注，希望他人对自己有很好的评价，并钦佩自己；低自尊者，其行为动机则是对自我保护的关注，并且这一关注胜过了被他人看重的需要。

曾有一段教育对话反映出大众对高自尊的普遍理解——一位教师对学生谈自尊，并对学生说："那些真正有水平的人都是高自尊的人。他们都很谦虚，并尊重他人。高自尊的人用实力去讲话，是真正有魅力的人，不用多说就已经让人心服口服。"

与此类似，大众的普遍理解是，高自尊的人会为了试图获取某种"自尊的感觉"，努力做出符合社会规范的行动；而低自尊的人则可能不择手段，而且表现出明显的违反社会规范性的行为。

然而，众多心理学家的研究却看到了人性中存在的另一个基本事实：高自尊并不像我们常说的那样特别有利，而低自尊也未必就像我们所理解的那样是不恰当的。

在高自尊的不利表现方面，心理学家布什曼和鲍迈斯特的实验是一个被广泛引用的例证。

布什曼和鲍迈斯特让一批大学生志愿者书写一段话，然后由另一个学生进行评价，或者是赞扬或者是讽刺。

这并不是最终的目的。接下来，两位心理学家让写文章的学生和其他人一起做反应实验，并规定谁的反应失败就可以让对方用任意强度和时间长度的噪声惩罚自己。

结果那些文章受到讽刺的学生表现出很强的报复性，因为他们所使用的噪声惩罚时间长度高出普通学生的 3 倍。

这个结果反应正是我们上面所说的结论——高自尊并不像我们所认为的那样特别有利。它揭示了高自尊背后阴暗的一面：一个低自尊的人并不怎么看重他人的评价，自然攻击性很弱；而高自尊的人受到攻击时，其对自我评价的需求反而成为向对方采取报复性措施的内在动因。

这种动因越强烈，表现出来的态度和行为就越让人难以接受。一个显著的例子发生在朋友和兄弟之间，当自己的朋友或身边的人获得比自己更高的社会评价或成就时，相对其他人，个人会表现出更大的不适性——这同样是高自尊心在起作用，这种心理的背后隐藏着一个基本的人性规则：如果人们身在一个圈子、一种生活环境中，他人的成就或过高的荣耀，对我们来说会是一种直接的贬低，由于我们更容易受到这种贬低的影响，因而心理反弹的强度更大，从而表现出更多的不恰当行为。可以说，高自尊的人比低自尊的人更难以忍受贬低和批评。

事实上，心理学家们在试图解释那些离经叛道者、反社会人士的内在心理时，也发现了这方面的证据：希特勒就是一个具有非常高的自尊心的人——一种研究认为，希特勒不幸的童年生活造成了他极端的性格，形成一种反社会甚至是反人类的邪恶的报复性心理。我们可以从脑海中或历史课本中搜索出有关希特勒的种种行径，与一些欺诈者、提倡种族灭绝的独裁者抑或是黑帮成员一样，他所表现出来的也是一种夸大了自我的自尊模式，其维护自尊的模式就是以暴力打压他人，从而获得他人一时的奉承、赞扬、马首是瞻。

因此，如果我们能够激发说服对象维护其自尊心的决心，我们就能让他主动改变态度和行为。

3

赞美的力量

激发人的自尊取向，除激将法之外，赞美也是一种好方法。

美国哲学家兼心理学家威廉·詹姆斯曾说过，人性的根源在于获得别人的赏识；可以说，人类文明的发展过程，就是人类的这种基本愿望的进展过程。在实际生活中，也的确如此。

一位约40岁的未婚男士好不容易找到一个未婚妻之后，决定答应妻子的要求，学习跳舞。为此，他特意聘请了一位私人舞蹈教师。

开始学习跳舞时，舞蹈教师得知男士年轻时学过跳舞，就请男士先跳了一段舞，以了解男士的舞蹈基础。结果发现，他的舞步一点都不正确。所以，她当即指出了他的错误："你的舞步完全不对，你必须将以前的一切都忘掉，从头开始学。"这句话让男士很伤心，认为自己很笨，不适合跳舞，不久就放弃了。

但男士的未婚妻却不放过他，一个劲儿地要求他学跳舞。无奈之下，男士只好又聘请了一位舞蹈教师。

在第一节课，男士表演过自己的舞步之后，等着舞蹈教师的"教训"。出乎意料的是，这个舞蹈教师温和地对他说了这样一段话："你的跳舞姿势虽然有点陈旧，但可以看出，你的基本功还是不错的。你有一种很自然的韵律感，你该是一位天才舞蹈家。我相信，你用不了多久，就可以熟练掌握一些新舞步。"这句话让他重拾了跳舞的信心，决定努力学习跳舞。

在学习的过程中，对于错误，舞蹈教师并没有过多地苛责他，而是不断地称赞男士做得好的地方；而男士也在称赞中对跳舞的兴趣越来越浓，不久就同未婚妻出现在舞池中了。

每一个人都希望周围的人能够了解自己的真正价值，能够赞美自己，并得到认同和重视。但是，出于种种原因，有的人可能没有机会成为"最好的"，甚至会成为"比较不好的"，从而会错过种种获得赞美的机会。这时，他们可能就会"破罐子破摔"，做出不配合的言行，以无所谓的态度迎接着外界的一切评价。

事实上，即使做得再不好，他们也是希望获得赞赏的。而且，若是获得赞赏，他们就会表现得更加努力，以留住这些赞赏。

有一名女性管理者，她的职责之一是监督一名姓汤的男性清洁工的工作。这位清洁工的工作做得很不好，同事们经常嘲笑他，甚至常常故意把纸屑或其他垃圾丢在走廊上，以显示他工作得不合格。如此，这位清洁工更加没有心情做好自己的工作了。

面对这种情况，这位女主管认为"解铃还须系铃人"，问题的关键还在于这位清洁工的工作成果。于是，她开始试图改变这位清洁工的工作质量。但是，似乎都没有什么效果。

不过，她在偶然间发现，这位清洁工有时也会把一个地方弄得很干净。女主管认为这是一个好机会。于是，每当清洁工把一块地方清理干净时，这位女主管就会在大家面前公开赞扬他："汤师傅，你把这里打扫得真干净，一尘不染。你做得真不错！"

第一次，听到这句话，这个清洁工的脸突然变红了，随后一言不发地跑开了。然而，此后，他负责的每一块地方都被清扫得非常干净——一尘不染，无可挑剔。

所以，在说服过程中，如果我们根据情境赞美说服对象喜欢或在乎的事物，如对方的爱好、事业、外表、家庭、声誉、心灵等，那么他就会对我们产生更深的印象和更好的评价，当然也会更加愿意接受我们的意见。

4

用请教让他卸下防备

除赞美之外，请教也可以增加人的自尊心，从而改变人的态度。

美国长岛有一位汽车商，不久前刚将一辆旧汽车卖给了一对苏格兰夫妇。

起初，这位汽车商把店内所有的汽车一一展示给那对苏格兰夫妇看，但他们总是不满意，不是嫌这里不美观，就是嫌那里什么地方坏了，要不就是嫌价钱太高。

后来，这位汽车商决定改变做法——不再强迫苏格兰夫妇购买，而是让他们觉得购买是他们的主意。

正巧的是，没过多久，就有一个中年人到汽车商那里咨询，希望把自己的旧汽车折价后换一辆新的。看到这辆汽车，汽车商就叫来了那位苏格兰先生，并说道："我知道您对于购买东西非常内行，请您帮我看看这部旧汽车值多少钱。您告诉我后，我就可以在交换新车时能有个准确的资料。"

那位苏格兰人听到这些话后，不但没觉得麻烦，反而满面笑容，因为有人向他请教问题。他一边说"没问题"，一边坐进车内，并驾驶这部车子兜了一圈。回来后，他诚恳地对汽车商说："如果你能以300美元的价钱买到这部车子，那就算捡到便宜了。"

"如果我以你说的数目买进这部车子，再转手卖给您，您会答应吗？"汽车商问他。

"300 美元？当然！"于是，这笔生意成交了。

不难看出，这场销售活动成功的关键就在于"请教"。因为请教让人感觉自己的价值得到了认可，从而提升了自尊感和自豪感。

所以，如果我们能够在对方擅长的领域，诚恳地向其请教，那么对方很可能就会在自尊心的满足中放下对我们的戒备，把我们当成自己人，从而接受我们的说服。

Chapter 25

第二十五章

效能动机

　　"人往高处走，水往低处流"，人们
会为了超越过去而承受痛苦。

1 其实每个人都想做得更好

我们已经知道，人有规避风险、损失的心理，那么，怎么才能说服一个人去做一件有风险的事情呢？以下的故事可以给我们启示。

年轻的哈里好不容易才在杜兰特公司找到一份小职员的工作，他虽然兢兢业业，但从不敢奢望得到晋升的机会。

然而，半年后，他忽然收到一封来自公司总裁的信件："我看了你的简历，知道你对机器安装非常有兴趣。公司刚在××城市建造了一个新厂，希望你能前去负责监督新厂的机器安装。在那里，一切由你全权负责，你不需要汇报、请示任何人，包括我。大胆去做吧，年轻人。"

看完这封信，哈里目瞪口呆。他虽然对机器安装很感兴趣，但没有经过这方面工作的任何正规的学习和训练。他所知道的那些知识，也仅仅是出于兴趣才从书中了解的。而现在，他却需要凭借这点知识在短时间内完成任务。这对他来说是非常困难的。他想拒绝，但是，他也很清楚，这是一个非常难得的机会。如果放弃，幸运之神很可能不会再这样垂青自己。

于是，他决定放手一搏，拼命去抓住这个机会。他独身一人来到这个城市的新厂，废寝忘食地研究图纸，向前辈虚心请教，与工人们一起分析研究。如果遇到决策上的问题，他就去请教总裁……

最后，他不但提前完成了这项工作，而且他设计的安装方案还为公司节省了一大笔费用。

仅仅因为"这是一个非常难得的机会"，哈里就愿意接受挑战并为之努力吗？是的。因为人有超越自己的效能动机。

2

超越自己的动机

效能动机是一种被高级需要所驱使的动机，是指一个人试图超越他以往成就的动机。在这种动机的驱使下，人们会不断地去尝试、检验并提高他们的能力。

这个动机是由心理学家罗杰斯提出来的。在他看来，人的生命本身就是一个积极的、向前发展的过程。在这个过程中，人类行为最基本的特点就是努力达到完美。当然，这是一个不可能完全实现的过程，因为随着我们的不断成长，我们自己和环境都在不断地变化。所以，罗杰斯就将这种动机状态看作一种成长和获得实现的努力，即要努力成为一个能够将潜力充分发挥出来的人。

关于这种动机，所有人都有，连1岁多的幼儿也不例外。

一个16个月大的小女孩正在努力攀上一把餐椅。她已经失败四次了，毕竟，她的眼睛刚刚跟椅子的座位处于同一水平线。所以，对于这个小女孩来说，椅子的确是个难以征服的对手。不过，她可从来没打算就此放弃。

餐厅里就她一个人，她一遍一遍地寻找"对手"的缺点。终于，在经过多次努力之后，她把一个膝盖放在了座位上，虽然另一只脚踩着地，一只手还拉着椅子，但她还是"坐"上了爸爸的椅子。

她为自己欢呼，开心地大笑起来。可是，她笑了不到一分钟，就开始哭叫，要求大人来把她从椅子上放下来。

一开始，正在阳台上看书的父亲并没有理睬女儿的哭叫，但随着她哭声的加大，父亲决定迁就女儿一次，于是就放下报纸，走进餐厅，轻轻地把女儿从椅子上抱了下来，并告诫她，"要待在下边"。

　　然而，小女孩的脚刚一着地，马上又伸手抓住椅子，开始了第二次征服。经过几次的努力之后，她再一次坐到了椅子上。不过，她依旧在开心一会儿后，就要求别人来营救。直到对这种游戏感到厌烦，她才离开餐厅。

　　第二天，这把大椅子又把她的"征服欲望"点燃，她又开始继续前一天的征服行动。直到有一天，当她能够轻而易举地爬上这把大椅子时，她才彻底对这个游戏失去兴趣，转而寻找新的挑战。

　　在大多数的孩童身上，效能动机都表现得非常明显。他们的行为总是指向环境中能引起他注意的任何方面，然后试图控制环境。

　　当以上故事中的小女孩能够轻松地爬上大椅子时，她可能会去玩为她播放伴舞音乐的录音机的几个控制按钮，把按钮一遍遍按进又按出；厌烦之后，可能又会去爬楼梯；之后可能会去玩灯的开关，将其关上又打开。

　　控制环境的欲望，不仅发生在正在成长的孩童身上，还经常发生在成人身上。例如，著名的电视记者闾丘露薇的成长经历。

　　1992 年 7 月，闾丘露薇在上海复旦大学哲学系毕业之后，进入母亲开办的一家外贸公司工作，但是由于公司的经营状况不佳，公司关闭，母亲离开深圳，闾丘露薇的生活陷入了困境。

　　为了摆脱困境，她找到一份推销汽水的工作，之后又从事倒卖文化衫和手表等短期销售工作。在这期间，她利用空闲时间面试了一家会计师事务所的英文翻译的职位，但因为对专业英文词汇不熟悉而未获聘用。不过，这次挫折却激发了她的斗志，随后开始在业余时间进入会计师培训班学习。

　　1992 年 11 月，闾丘露薇凭借流利的英语和参加会计师培训班的经历，被著名的深圳普华永道会计师事务所聘用。在会计师事务所，她利用业余时间参加并通过了注册会计师专业资格考试，从行政人员晋升为高级审计员。

　　1993 年，闾丘露薇和一位香港青年结了婚，随后在 1995 年与丈夫一起移民香港。到达香港的第二天，间丘露薇便出去找工作，不久就应聘成为香港传讯电视中天频道的翻译，三个月后，又跳槽到 TVBS 担任电视记者。然而，由于 TVBS 主要面向台湾观众且节目题材受到限制，她就借机加盟到开播不久的凤凰卫视新闻时事节目《时事直通车》，成为凤凰卫视的第一批记者。

在凤凰卫视，间丘露薇除了继续进行新闻采访工作，还主持了一档财经节目——《经贸周刊》。随后，她还在全球采访了几起重大事件。

2001 年 11 月，阿富汗战争开始，凤凰卫视计划派人前往采访，间丘露薇率先报名。这虽然是间丘露薇第一次战地采访，却让她成为第一位进入阿富汗的华人女记者，从而获得了"战地玫瑰"的称誉。

2006 年 7 月 25 日，间丘露薇拿到了尼曼奖学金，前往哈佛大学留学。一年之后，她从美国返回香港，继而在凤凰卫视资讯台《总编辑时间》节目出任主持人。

鲁迅先生曾说过，不满足是向上的车轮。而这"不满足"，就是效能动机的体现。虽然人有避免痛苦的倾向，但在效能动机的驱使下，人们还是愿意承受不确定性、紧张甚至痛苦，以换得自身潜能的充分实现。

3
并不是每个人都会追求高目标

需要说明的是，虽然人人都有效能动机，但并不是每个人都愿意面对风险，接受挑战。因为每个人对目标的期望价值是不一样的。

动机心理学中有一个期望价值理论。该理论认为，一个人完成一项任务的动机是由他对这一任务成功可能性的期待和这一任务所赋予的价值两个要素同时决定的。换句话说，如果一个人自认为达到目标的可能性很大，且从这一目标中获取的激励值也比较大，那么他完成这一任务的动机就会很强。

那么，决定这两个要素——对一项任务成功可能性的期待和这一任务所赋予的价值——的关键因素是什么呢？心理学家的答案是对与成就有关的情境的倾向，而影响这个倾向的主要因素就是一个人对这项任务的内在感受，如与成就有关的骄傲以及与失败有关的羞愧。具体来说，决定一个人是趋向还是回避与成就有关的情境，是由四个变量引起的。这四个变量分别是成功动机、避免失败的动机、成功概率和成功的诱因值。

成功动机和避免失败的动机是比较稳定的人格特征，虽然每个人的强度不同，但在同一个人的身上是相对持久的，即使是在不同的情境中也是如此。因为成功动机和避免失败的动机是与早期生活中的奖赏紧密联系的。

如果一个人在年幼时经常因自己的"冒险行为"而获得奖赏，那么他就会更喜欢成功，其成功动机就会很强烈；反之，如果一个人在年幼时常常因为"冒险行为"而遭受责骂或其他惩罚，那么他就会更害怕失败，其避免失败的动机就会比较强烈。

期望价值理论认为，每个人都拥有成功动机和避免失败的动机。但是，由于过去每个人在与成就相关的情境中的经历不同（好或坏），因此它们在每个人身上的强度也是不同的。

对于所有人来说，当成功动机比避免失败的动机强烈时，人们就会趋向成就情境；当避免失败的动机强于成功动机时，人们就会倾向于回避成就情境。而趋向或回避某一情境的动机强度取决于剩下的两个变量：成功概率和成功的诱因值。

与成功动机和避免失败的动机相比，成功概率和成功的诱因值在各个情境中都不相同。成功概率是一个人在特定情境中对成功的主观估量；成功的诱因值是指获得目标的价值，即执行一项任务是值得还是不值得。

心理学家认为，对于一个人来说，一项任务的成功概率和成功的诱因值往往是负相关的。也就是说，一项任务越容易,成功完成的价值就会越小；

任务越难,成功的价值也就越大。要理解这一点,我们可以想象以下的情景:

假设你正在做一道数学题,当你花费了差不多一个小时才解出正确答案的时候,老师告诉你:"这道题很难,很少有人能做出来。"你会有什么感觉?你的成就感是不是很大?你是不是很为自己感到骄傲?

可是,如果你在解出这道难题之后,老师对你说:"这道题很简单,大部分人在半个小时内就解出来了。"你会有什么感觉?你是不是有很强烈的失败感?

所以,相对于很难或很容易的任务而言,一个人完成中等难度任务中的动机是最强的,挑战这种任务也最容易获得成就感;在容易的任务中,成功概率虽然很高,但因为过于简单,即使完成了,也很难得到成就感,而一旦完不成,反而会体验到某种程度的羞愧感;在困难的任务中,虽然成功的诱因值很高,但人们还是会经常对它采取回避的态度,因为成功概率太低,不过,即使完不成这项任务,也不大可能会使人觉得羞愧。

4

因为有失败,成功才可贵

那么,是不是人们最钟爱万无一失的选择呢?不是。以下的心理学实验就可以告诉我们理由。

通过与丹尼尔·卡尼曼合作,哈佛医学院的教授彼得·科尔什领导一个研究团队,就输钱概率对预期收益强度的影响进行了检验。

在这个实验中,研究人员制作了一个幸运轮。这个幸运轮有三个完全相等的部分,每一部分代表不同的结果——"上等""中等"和"下等"。这就意味着,每个结果出现的概率是完全相同的,都是1/3。

然后,研究人员让被试者去转动三次幸运轮,并告诉他们:幸运轮的结果是随机的，且概率都是相同的，只是每次转动幸运轮的结果评估略有不同。其中：第一次转动幸运轮，结果分别有"赢得 10 美元""赢得 2 美元"以及"赢得 0 美元"（即不赚不赔）；第二次转动幸运轮，其结果对应的则是"赢得 2 美元""不赚不赔"以及"输掉 2 美元"；第三次转动幸运轮，其结果则可能是"不赚不赔""输掉 1 美元"以及"输掉 5 美元"。同时，研究人员对被试者的大脑反应和情绪进行观察并记录。

在实验中，研究人员发现，被试者在转动幸运轮时，其大脑并非只有在转动第一轮时才兴奋；在转动有可能输钱的那一轮（第二轮）时，大脑的兴奋度丝毫不亚于在等待转动可能获得 10 美元那一轮（第一轮）的兴奋度。

被试者期待转动"上等"轮是很容易理解的。因为"上等"轮可能会让被试者赚到 10 美元，而且被试者还不需要承担任何风险。但是，被试者期待"中等"轮，就有些让人意外了。因为"中等"轮最多只能带来 2 美元的奖金，可以实现的收益可以说是比较小的，更重要的是，这笔收益伴随着输钱的风险。

这是怎么一回事呢？

美国加州大学伯克利分校心理学家芭芭拉·梅勒斯曾指出：与结果已经确定、注定会赚钱的赌注相比，输赢机会各占一半的赌注能让人们体会到更多的乐趣。换句话说，在本来应该输钱的情况下赚到钱的感觉会更美妙。

正是由于这种心理，看起来没有不良现象的事物并不会赢得人们的好感，相反，它可能会让人觉得其中有一些难以控制的意外。比如，销售和谈判中的让步。

5

让成功来得困难一些

在大多数销售活动中，销售人员都需要做出一定的让步，以迎合客户，让客户做出决定。但是，并不是所有的让步都有益于销售目标的开展，没有原则的让步不但无法促成交易，还可能会给销售人员自身和企业带来伤害。

那么，什么样的让步才是合理的呢？

美国心理学家切科夫和柯里就对此做过这样一个实验：

在模拟的谈判环境中，研究人员与被试者分三组进行谈判。

第一组中，研究人员对被试者做出了较大程度的让步；第二组中，研究人员和被试者的让步程度相等；第三组中，研究人员拒不让步，只在最后关头做出了特别小的让步。

结果发现：只有第三组被试者愿意付出较高的代价去达成协议；而第一组被试者，不但不愿意付出正常代价，甚至连较低的代价都不愿意付出。

这是什么原因呢？

心理学家的解释是，在谈判过程中，如果一方突然做出大幅度让步，反而会让另一方产生怀疑，怀疑其最先开出的条件是虚高或产品品质不好。相反，如果一方在开始时态度非常强硬，怎么都不肯让步，只在最后关头才勉为其难地做出很小的让步，那么另一方就会相信他的产品是物有所值，愿意以较高的价格与他达成协议。

几十年前，苏联看中了长岛北岸的一块土地，希望买下它，在那里盖一幢大使馆宿舍。

如果按照当时的市价，这块土地的价格是 36 万～50 万美元，而卖主则希望卖到 42 万美元。苏联当然希望越便宜越好。

为此，苏联通过付出某种代价，换取一年内独家采购的权利。这个权利不但能使交易全过程得以保密，还使其整整一年内，在这块土地的采购案上都没有竞争者。

凭着这一优势，苏联态度非常强硬，只肯出 12.5 万美元的买价。12.5 万美元，多么荒唐？卖主无论如何都不答应。就这样，双方僵持了三个月。

第四个月，苏联做出小小的让步："我们知道这价钱是低了些，或许我们可以多出一些。"一个月后，他们以36万美元的价格达成了协议。这可是当时行情的最低价。

可见，在劝说过程中，尽可能地坚持不妥协是有利的，而且会更容易促成交易。

当然，这需要说服者掌握以下几个让步技巧。

（1）着眼于长远的、全面的利益

着眼于长远的、全面的利益，是任何一次沟通都应该注意的问题。很多人总是会关注片面的眼前利益，从而遭受了严重损失。所以，在每一次让步之前，我们都要考虑这是否有利于长远利益的实现。如果答案是否定的，就不能用让步，而应该用其他途径来解决问题。降价时尤其如此。

（2）让对方感到我们让步的艰难

在让步时，我们要明确告诉对方，做出这样的决定是多么的无奈。不仅如此，我们还应通过拖延时间、请示领导、示弱等方式来让对方感觉到我们做出这样的让步是非常艰难的。比如，当对方提出某项要求时，即使这些要求我们有权限决定，也不要爽快答应，而要通过一些微小让步来显示让步的艰难，这样可以降低对方过高的期望，打消对方逼我们做出巨大让步的念头。

（3）在最后关头让步

不要在沟通的一开始就轻易让步，否则容易让自己处于被动的地位。在万般无奈的情况再让步，以消除对方得寸进尺的企图。

（4）在细枝末节的小问题上提出让步

为了在关键问题上获得说服对象的认同，我们可以在细枝末节的小问题上表示出适度的让步，以便让对方感受到我们的诚意，并将他的注意力转移到小恩小惠上，从而为争取关键条件创造机会。

（5）有回报地让步

在让步之前，我们还应考虑由此得到的回报，以及这份回报是否值得。如果值得，我们在向对方让步的同时，就要胆大地提出具体的回报要求。

客户："价格能再降低一些吗？"

销售人员："您要多少？"

客户："先要一箱。"

销售人员："如果是只要一箱的话，我们很难集中送货。"

客户："那怎么办？这个价格我是不可能接受的。"

销售人员："您也知道，一箱货确实不多，加上送货成本，价格太低的话我们就没有利润。要不这样吧，您现在购买并自己提货，我们就给您减去送货的费用。您看行吗？"

（6）不要突破双方的底线

突破说服对象的底线，沟通一定会失败；而突破自己的底线，我们也就没有说服的必要了。所以，我们必须尽可能地深入了解对方可以接受的利益底线，在劝说对方的过程中尽量靠近这一底线；同时我们也要保障自己的利益底线，一旦对方提出的要求超过我们的利益底线，就应立即拒绝。

（7）始终留有沟通空间

需要注意的是，当我们与说服对象可能就某个问题相持不下时，一定要给自己留有充分的余地，千万不能在没有丝毫退步余地的时候与对方僵持，否则很容易导致前功尽弃。如果在对方的步步紧逼下，我们真的没有让步余地，就要在沟通中为之后的有效沟通留有一定空间。

总之，劝说是一场心理战，谁能撑到最后谁就是胜利者。

Chapter 26

第二十六章

焦点心理

与他人聊天时，人们最希望谈论的是
自己做的事情。

1 | 最会说话的人

人们总是认为，能言善道的人适合去做跟说服有关的工作，因为他们知道怎么说话能让人开心。事实也的确如此。但是，说让人开心的话并不是能言善道者的独门绝技，而是大多数人都可以学会的雕虫小技，只要我们能学会说与对方有关的事情。

威廉·菲尔普斯幼年时到姨妈家度周末。这天晚上有位中年男客来访，跟姨妈寒暄完后，便与菲尔普斯聊起来。

那时候，菲尔普斯非常热衷玩帆船，那位先生好像也对帆船很感兴趣，所以整个晚上，他们从"轻帆船"说到"三角帆""纵帆"，然后他们一直以它为话题，说到奥运会上的帆船比赛。最后离别时，两人已经成了好朋友。

这位客人走后，菲尔普斯对姨妈大加赞赏这位先生："这个人真厉害，他知道那么多关于帆船的事儿，他跟我一样，如此热爱这项运动。"

姨妈说："他根本不是什么帆船专家。他是一位纽约的律师，而且对帆船一点也不感兴趣。"

"不。如果他不感兴趣，为什么一直都在跟我谈帆船呢？"

"因为他觉得你对帆船感兴趣，就谈一些会使你高兴的事。"

菲尔普斯这才恍然大悟。直到长大之后，他还时常想起那位友好的律师，他为了年幼的自己，谈了一晚上他并不感兴趣的帆船。

不难看出，谈论对方感兴趣的事情，让对方高兴，自己就能成为最会说话的人，就会赢得人们的好感。这是一个谈话技巧，其道理就在于满足了人们的焦点心理。

2

焦点效应

我们知道，沟通在情境中产生，而必不可少的是沟通双方的参与，无论是哪一方，人们都会有这样的感觉：我似乎是沟通的核心，对方也是因为我想如何而被关注的。

人们的这种心理所反映的正是焦点效应。所谓焦点效应，指的是人们高估周围人对自己的行为、外表等的关注度的一种表现。受其影响，人们往往会把自己当作一切的中心，并坚持认为他人时刻关注着自己、注意着自己。

心理学家季洛维奇让康奈尔大学的一些不同班级的学生穿着某名牌T恤进入教室，并且让穿该衣服的学生事先估计，有多少同学会关注到自己的"与众不同"。这些学生猜测大约会有一半的同学注意到自己。但是，最后的结果非常出乎意料：只有23%的人注意到了这一点——远远低于他们的预期。

可见，人们经常认为他人注意着自己的一举一动，而事实可能并非如此。真相是，人们总是把自己放在了核心、中心的位置，并不自觉地放大这种感觉。这也是人们的一种普遍心理。

在我们的身边，可以发现满是戴眼镜的人们——因近视而戴的眼镜、因好看而戴的无镜眼镜或者是老花镜，但是我们却很少发现佩戴助听器的人，尽管事实上的确有很多人听力很差。

这背后的原因，一方面可能是助听器比较贵，然而据英国和澳大利亚的调查，即使提供免费的助听器，人们也不愿佩戴。

这是为什么呢？通过跟踪研究，研究人员发现，真正的原因是出于人们对自己形象的关注——不想让他人发现自己有问题。殊不知，佩戴助听器并不会引起多大的关注；相反，当听力不好的人和人们说话时，因为听不清楚而不断地做出错误的反应，才会更加容易引起人们的关注。

这个道理对说服活动有什么意义呢？

由于每个人都把自己看作焦点，因此，在他生气的时候，他会认为人们应该减少唠叨；在他高兴的时候，人们也应该感受到强烈的快乐。如果人们没有做出相应的反应，他可能就会感到沮丧，甚至愤怒。

所以，在说服的过程中，我们若能为说服对象的开心而开心，为他的愁苦而愁苦，那么说服对象很可能就会把我们当自己人，从而放下对我们的防备之心，接受我们的说服。

那么，我们应该怎么做呢？

3 | 热情地招呼

我们在描述某个人善于交际的时候，常会这样说："他一上来就跟人家套近乎，一下子生意就成了"或者"他没事就和别人套近乎，所以认识的人多，大家都喜欢他"。这里的"套近乎"，就是热情地招呼。这种招呼往往会让人感觉到亲切，从而放下戒心，让沟通顺利开始。

乔·吉拉德是美国汽车销售界的传奇人物，被称为汽车销售大王，他没有三头六臂，也没有强硬的后台支持，他的秘诀就是"套近乎"，开口三句话，就让人觉得自己与乔·吉拉德是熟人，就像昨天刚刚一起喝过咖啡、聊过天似的。

"哎呀，老兄，好久不见，你躲到哪里去了？"假如一个顾客曾经和乔·吉拉德见过面，他一进入展区，就会看到乔·吉拉德那迷人的、和蔼的笑容——乔·吉拉德朝这个顾客热情地打着招呼，呼喊着他的名字，似乎他昨天刚刚来过，完全不介意他们也许又好几个月没见面了。

乔·吉拉德是这样的亲切，让本来只是想随便看看车子的顾客产生了一点局促不安："我只是随便转转，随便转转。"

"来看望我必须要买车吗？天啊，那我不就成了最孤独的人了吗？不管怎么样，能够见到你，我就感到很高兴。"乔·吉拉德几句话就让顾客的尴尬和局促消失得无影无踪。

很快，顾客就会跟随乔·吉拉德到办公室去坐坐，聊一会儿天，喝几杯茶，爽朗而不放肆地大笑一气。最后，当他起身告别的时候，他的心里会产生一种恋恋不舍的感觉，这个时候，他的购买欲望会变得更加强烈，原本的购置计划也许会提前落实。

对熟人如此，对陌生人，乔·吉拉德也会"陌生"地招呼。

在销售的过程中，对那些看上去有一些腼腆的看车人，乔·吉拉德往往会主动对他们说："我有一项特殊的本领，我能看出一个人的职业来。"

这时候，看车人会感兴趣地搭话。如果对方不搭话，乔·吉拉德就接着进攻："哦，我敢打赌，您是一位律师。"在美国，律师是受人尊敬的高薪职业，这位看车人并不恰好就是律师，但这么说就算是错了，看车人也不会生气。因为他觉得在吉拉德眼里，自己是受人尊敬的人物。

"不，不是。"看车人说。

"那么，您是做什么的呢？"

"你不会相信的，我是一个屠夫，"这时，看车人脸上会露出一丝羞涩，"我每天都在宰牛。"

"哇，太棒了！"乔·吉拉德激动地说，整个人看起来相当兴奋，"长期以来，我都在想，我们吃的牛肉到底是怎么来的。如果你方便的话，可以带我去你那里看看吗？"

乔·吉拉德说这些话的时候，会表现得特别真诚，让人感觉他是真的想去看，并不是在敷衍。于是他们热烈地讨论起参观杀牛的事情。20分钟后，看车人完全被乔·吉拉德感染，自然就买下了车子，而且还介绍他和自己的伙伴们认识，使乔·吉拉德获得了更多的商机。

这是汽车销售大王乔·吉拉德的故事。靠着这个本事，他成了卖出汽车最多的人。在我们的国家，人们的思想相对较为保守，感情含蓄不外露，如果有人主动过来"套近乎"，一定会得到比乔·吉拉德更多的好印象。

4

挖掘对方的兴趣点

没有谁会愿意关注那些无关紧要的事物来浪费自己的时间。因此，当我们在与说服对象交谈时，不必漫无边际地东拉西扯，而应该直接通过一些小细节瞄准对方的兴趣点，聊他们最感兴趣的事情。这才是制胜的关键。

怎么挖掘对方的兴趣点呢？许多人都认为个人的兴趣是独一无二的，自己感兴趣的事情别人不一定感兴趣，这就是为什么天下只有一个乔·吉拉德这样的人。事实上，每个人的经历、爱好、目标、情趣都会有交集，只看我们有没有掌握挖掘的技巧。

（1）从对方携带的物品推测出其兴趣点

这种方法很简单，通常情况下，人们的穿着及携带的物品都能反映出对方的兴趣点，如挂着MP3的人多半对音乐感兴趣，而打扮很精致的人多半对时尚很有兴趣，甚至我们能以他的钥匙扣，手机颜色、款式为突破口打开谈话。这样的迎合，很容易让对方与我们有个良好的谈话开端。

（2）察言观色，挖掘判断兴趣点

许多人的兴趣点都会在话语中表现出来，察言观色就成了通往对方内心的捷径。我们都知道金庸笔下有个叫韦小宝的厉害人物，他就是这方面的专家，从小说中我们可以看出，他能从陌生人口中听出对方的兴趣点，然后加以利诱，而无论对方是多么的"老江湖"，总会掉进他的陷阱里去。在日常生活中，我们可以从对方吃东西或是喝茶的表情上看到他的兴趣，判定他爱吃什么，对茶有什么样的研究。

（3）制造出兴趣点

如果我们利用上面两个方法还是找不到对方的兴趣点，那么我们就只好制造兴趣点了。一般而言，人最感兴趣的往往是那些与他切身利益相关的或他最珍爱的人和事，我们大可以利用这些制造出兴趣点。

比如，许多人的办公桌上会摆放家人的照片。在与他谈事情时，如果遇到冷场，不妨先夸一夸这张照片："你的儿子长得真可爱！""瞧，你们一家真幸福啊！"这时候，对方脸上的不快立即就会消失，气氛马上便会得到缓和。

5 做一个耐心的倾听者

以上的方法可以帮助我们找到说服对象的兴趣点，但这并不是最关键的。之后的交流也非常重要——我们可能对这些兴趣点了解得并不是很多，若是谈论，就可能在说服对象面前"班门弄斧"。所以，找到兴趣点之后，侃侃而谈并不是十分有利的；相反，做一个倾听者，才是秘诀。做一个耐心的倾听者，有五项必须遵守的规则。

（1）对讲话的人表示称赞

这样做的目的是营造良好的交往气氛。对方听到我们的称赞越多，他就越能准确表达自己的思想。如果我们在听话中表现出消极的一面，就会引起对方的警惕，对我们产生不信任的感觉。

（2）身体语言要配合

我们可以这样做：面向说话者，同时保持目光的亲密接触，并配合标准的姿势和手势。无论我们是坐着还是站着，都要与对方保持在对于双方都最适宜的距离上。

此外，我们还要耳目并用——听他人讲话，不只要用耳朵仔细聆听，还要用眼睛去仔细观察。因为人的言语和表情动作都是信息交流的重要手段。一个手势、眼神、面部表情、声音高低，都是一种信息，这种信息足以表明他的情感和态度。因此，谈话时注意对方的表情动作，才能更深刻地理解对方话中的含义，更好地进行情感的交流。

（3）给予理解

在倾听时，我们不仅仅是理解对方的话语，还要理解对方的情感。比如，我们可以这样回应："老天保佑，终于把这些信件处理完了。"这就比仅简单说一句"我把这些信件处理完了"充满情感。不管怎样，我们都要用饱满的热情响应对方的谈话内容。

（4）不要提太多的问题

问题提得太多，容易造成对方思维混乱，以至于无法回到之前的话题，精力也无法集中。

（5）不要匆忙下结论

不少人喜欢对谈话的主题做出判断和评价，表达赞扬或者反对，这些判断和评价容易使对方陷入防御状态，造成沟通的障碍。

最后，附上我国台湾地区作家高阳在他的书里描述"红顶商人"胡雪岩时写过的一段话："其实胡雪岩的手腕也很简单，胡雪岩会说话，更会听话，不管那人是如何言语无味，他能一本正经，两眼注视，仿佛听得极感兴味似的。同时，他也真的是在听，紧要关头补充一两语，引申一两义，使得滔滔不绝者，有莫逆于心之快，自然觉得投机而成至交。"这就是倾听的真谛。

Chapter 27

求同心理

有时候，人们接纳一个陌生人，只因
为在他身上看到了自己的影子。

1

人与人之间的相似原理

在热播剧《北京爱情故事》里，石小猛是一个并不讨喜的角色。不管是爱情还是事业上，他都做过一些遭人厌恶的行为。然而，并非所有的观众都厌恶他。事实上，还有相当一部分人表示理解他——因为他们在他身上看到了自己的影子。

电影、电视剧中的角色如此，生活中的其他人也是如此。如果我们觉得他人的经历、言行与自己相似，即使他并不是最好的，或者说有一些很明显的缺点，我们也会倾向于接受他。

这种心理反映的就是心理学上的"相似原理"。

所谓相似原理，指的是人们倾向于喜欢那些在外貌、态度、价值观、兴趣、背景、经历以及人格等方面与自己相似的人。对于这一原理，来自美国的几个实验可以给出证明。

第一个实验发生在密歇根大学。实验过程是这样的：

1961 年，美国社会心理学家西奥多·纽科姆在密歇根大学把学生的集体宿舍进行了人为安排——先以测验和问卷把学生们分为对人、对事态度相似和相异的，然后把态度相似的学生安排在同一房间住读，再把态度相异的也安排在同一房间住读。之后，不再干扰他们的生活和学习。

过了一段时间后，纽科姆再对这些学生进行调查，发现态度相似的同屋人都成了朋友，而那些态度相异的则没有成为朋友。

第二个实验发生在普度大学。实验过程是这样的：

在普度大学，心理学家伯恩等人刻意让一些彼此陌生的男学生和女学生在学生会进行约会——喝饮料，聊天。需要说明的是，在有的约会组合中，男学生和女学生的社会政治观点是相似的；而另一些组合中，两个约会对象的社会政治观点是不一致的。45分钟之后，研究人员让学生们对约会对象做出评价。结果发现，观点相似的学生比不相似的更喜欢自己的约会对象。

随着对相似性原则的深入研究和应用，社会心理学家尝试着在人际交往的其他领域探索相似性原则的影响。比如，布罗克为了研究相似性对人际沟通中说服力的影响，曾进行过一个有趣的实验。

实验的主要内容是，让大型零售商店化妆品柜台的售货员劝说顾客去购买同一种品牌中不同价格、不同容量的油脂。该实验的精妙之处在于，研究人员让这些售货员分别扮成两种人去劝说顾客：一种是专业但与顾客无相似身份的人；另一种是与顾客有相似身份但是不够专业的人。

实验中，研究人员观察顾客的反应，然后再统计不同扮演身份下售货员劝说的结果。

结果研究人员发现，当售货员扮演与顾客有相似身份的劝说者，并对顾客说自己经常使用的就是这种多大容量且价钱公道的油脂（这个容量实际上正是顾客想买的容量）时，劝说的效果更好。

这并不是个例。心理学家 F.B. 埃文斯曾对保险公司中的被保险人进行统计，发现当销售人员与潜在客户相似时，如在年龄、宗教信仰、政治观点甚至吸烟习惯上相似，销售人员成功说服对方接受保险的可能性会增大。

这些研究结果告诉我们，在劝说的过程中，与说服对象有一定相似性的信息更容易被说服对象接受。

2

相似即相惜

为什么我们更容易接受与自己相似的事物呢？因为每个人最信任的一定是自己。所以，我们会认为与自己相似的人，也是值得信任的。

心理学家艾姆斯韦勒及其同事做过这样一项实验：

他们让助手穿上保守的或者另类的服装，然后向穿着"整齐的"或者"嬉皮的"大学生求助，即向他们要一枚硬币打个电话。结果发现，2/3 的被试者帮助了与自己相似的求助者，而向与自己不同的人提供帮助的比例甚至不到一半。

这个实验虽然是研究人们的帮助行为，但结果却论证了影响人们提供帮助与否的因素是人们的外表——人们会因为相似的外表而做出更多的利他行为。

仅仅是相似性，就可以引起帮助行为吗？这样的反应，是否说明了人们的判断或者决定的不理智之处？答案都是肯定的。因为对任何一个人来说，对自己容貌的熟悉度都是最高的。这种容貌上的相似性引发的利他行为在德布鲁因的实验中再次显现。

在实验中，研究者要求麦克马斯特大学的学生与一名假想的同伴玩一个游戏。当然，研究者的目的是研究被试者会选择什么样的"同伴"与自己来完成互动。

结果发现，被试者对那些照片上看起来与自己具有某些相似特征的同伴更信任，也更慷慨，利他行为也相对表现得更多。

由此，心理学家得出这样一个结论：人们对他人外表的反应正如遇到或者认识那些与自己的生日、名字、属相甚至家乡相同的人一样，通常会因为这些相似性而自动提供更多的帮助行为。

这个道理其实很容易被我们理解。试想一下，当了解到一个陌生人和你拥有相同的某一信息时，你是否会产生一种亲近感？这种亲近感是否会让你更愿意与他去谈论那个信息，并且去感受那种认同和共鸣？这时，你还会把他当成一个普通的陌生人吗？

其实，除了比较常见的几个方面的相似，心理学家在有关种族方面的研究中，同样发现了这种相似性引发的利他行为。

在盖特纳和德维迪奥的实验中，研究者以特拉华大学的白人女大学生为被试者，观察其在某一"困境"中的帮助行为。

结果发现，当有其他旁观者在场时，被试者宁愿帮助"困境"中的白人而不太乐意帮助同样陷入"困境"中的黑人。

对此，她们的解释是：会有其他人帮助他（黑人）的——旁观者效应下的责任分散的显现。

而当没有旁观者时，这些被试者所提供的帮助却是同等的，并不会考虑对方是白人还是黑人。

对于这样的结果，心理学家的解释是，当人们可以将自己不帮助其他种族的行为向非种族因素解释时，才会表现出同种族的偏爱，即"同种族"这个相似性因素让人们做出更多利他行为。当然，他们需要先维护自己没有种族偏见的形象。这就是当没有他人在场时，他们也会帮助不同种族的人的原因。

可以说，假若在非常清晰的背景下，或者所要表现的适宜行为有界定明确的标准，人们不管属于哪个圈子，一般情况下都会做出同等的利他行为；而标准或者背景模糊时，一种相似性的偏爱就很有可能发生。

此外，拥有与人们内心认同的品质的人，也更容易获得人们的认可和帮助。

以我们在现实生活中的经历为例。当一个外貌俊美、气质优雅的人向我们走来寻求帮助时，我们很容易对他产生好感——或者觉得他跟我们的一个关系很好的朋友非常相似，或者觉得他跟我们欣赏的某个名人很像。这样的感觉会让我们不自觉地伸出援手。

这似乎是出于对于貌美者的偏爱。表面上的确如此，但实际上却是出于我们内在对一些特点的认同。也正是由于这个原因，人们才会愿意接触真诚、热情的人，而不喜欢撒谎、冷漠之人，即使他们自己本身就是不诚实的或者冷漠的人。

3 制造相似之处

不管怎么说，如果我们想要提高自己的说服效果，就应该尽可能地向说服对象展示一些与他相似的信息。如此，他才会尽快地对我们产生好感，接受我们的劝说信息。

比如，在穿着打扮的问题上，当我们不知道应该怎么穿才能赢得对方的好感时，可以让自己的穿着打扮风格与对方相似。这样就可以帮助我们更快地获得对方的认可，得到对方的信任，从而在进行沟通与劝说的时候也更容易让对方接受我们的观点，改变自己的看法和态度。

而在刚开始进行沟通和劝说的时候，我们也应该注意一下我们劝说中所提供的信息，适当地多呈现与对方相似的信息，因为这样才更能让对方接受我们的观点。

比如，寻找相似的个人经历。俗话说，"老乡见老乡，两眼泪汪汪"。如果你们出生在同一个省份、毕业于同一所大学或是曾经在同一座城市生活……这样的共同经历会迅速拉近两个人的心理距离。

或者，寻找相似的工作经历。工作是生活的重要组成部分。从事相同的职业、曾经都在某一家公司供职等工作方面的共同信息会让人产生一种"同是天涯沦落人，相逢何必曾相识"的知音之感。

又如，寻找共同的精神追求。如果你们拥有共同的宗教信仰或是都崇尚某种价值观，那么这就是达成情感共鸣的切入点。观音菩萨、基督耶稣、真主安拉也许真的会帮上你的忙。

再如，寻找共同的兴趣、爱好。"道不同不相为谋"，假如你们都喜欢某部电视剧、热爱某种体育运动、关注某些国内外大事，那么就自然而然变为同道中人了。

此外，还可以寻找共有的朋友圈。双方共同的朋友是你们产生共鸣的一个好渠道，即便这个朋友不到场，当你听到"哦，你也认识××啊？"会不会顿时对对方生出几分熟识的感觉呢？

只要我们善于发现和总结，总会发现自己和其他人具有某种"共性"。当我们和他的沟通在这样一种"共性"背景下进行时，氤氲的气氛就会在无形中加速沟通的进展。

渲染共同的体验

依据上面所提供的途径可知，我们最需要寻找的是我们与说服对象在客观上的共同点。诸如我们和说服对象的故乡是同一个地方，我们和他最喜欢的运动都是篮球，我们的某个同事是他的大学同学，我们和他都曾在毕业后经历一段穷困潦倒的迷茫时期……

然而，当我们找到这些共同话题，应该如何展开呢？

假如客户告诉我们他最喜欢的城市是成都，我们若是立刻高兴地表示："成都是个好地方啊，我也喜欢那里！"就这样没了下文，或者只是应声重复，那么我们可能依然没有办法引起客户的共鸣——这样的话谁都会说，对方很可能想："明显是在和我套近乎呢！"

这样不到位的表达，结果往往适得其反。所以，想要进一步激发对方的共鸣情感，仅仅"说出"这些共同点是不够的。

真正能够引发感情共鸣，让对方感知到更为真实的共识情境，最好的方法就是，渲染共同的情感体验。就像上面的例子中，在回应这种"我也喜欢"的感情时，如果着力去渲染生活在成都的美好体验，效果则大不相同。

客户："我最喜欢的城市是成都。"

业务员："我也特别喜欢成都！都说'成都是一个你去过就不想再走'的地方，我以前到过那里，那里的生活很悠闲，一份报纸、一壶花茶，坐在河边慢慢品，恬淡释然，是个享受生活的好去处。"

客户："的确啊，成都是我家乡，那里的生活节奏既慢又悠闲。"

这样具体的情境描述，比起简单的附和更能体现出真情实意，也更容易将对方的情感带入你所描述的情境中，刻画出一种共识体验。

人们往往都是感性的，突出强调主观感觉上的共同体验，所激起的情感共鸣将更为强烈，而心理上的共同体验能让人感到惺惺相惜。

那么，怎么做才能达到这一目的呢？

在策略上，渲染共同体验重在掌握两点：情感的渲染和体验式的具体描述。

我们可以用语言进行渲染。正如德国作家雷曼麦所说："任何人对顺耳的话都是容易接受的。说几句让人感到舒服的话能收到奇功异效。"这是一种最直白的渲染方式，但要注意的是掌握好分寸，不要让对方以为我们是在谄媚或是太过低俗。

除语言之外，我们还可以用志趣观点进行渲染体验。志趣观点的相同往往会带来共同的内心体验，使对方产生强烈的"知音难觅，终于可遇"的内心感受。但这种共同的内心体验并不容易实现，它要求沟通双方在个人背景、兴趣爱好、知识修养方面的契合度要很高。因此，需要长期培养自己广泛的兴趣爱好，加强自己的修养水平，才可以将这种渲染方式演绎得炉火纯青。

无论语言还是志趣观点，所渲染、烘托的都是一种共识的情感氛围。所以，通过氛围渲染体验也是一种有效手段。沟通中的氛围不仅包括进行沟通地点的规模、地理位置等，还包括当时的天气、参与沟通的其他人以及整个场所的气氛。比如，对方是一个喜爱安静的人，那么我们就不能把沟通的地点选在人多嘈杂的地方，那样会让对方觉得我们是与其性格不同的人。

除此之外，情由心生，如果我们能够从对方的角度来看待事物，体会对方的感受，并且表达出我们的共同情绪和情感体验，对于引起对方的心理共鸣是大有裨益的。无论对方是怎样的人，我们和他总会有相似之处。只要我们发现并充分利用这些相似之处，快速唤起对方的心理共鸣并不是难事。

Chapter 28

第二十八章

反馈促进

　　如果你能对一个人所讲的任何笑话都
开怀大笑，他就会愿意跟你说更多的话。

1

一封迟到的邮件

很多时候，说服对象拒绝我们的理由并不是因为我们的说服本身有什么问题，而是因为我们的回应态度。

在一个商务宴会上，一位债券销售经理向一位石油大亨推销债券，虽然业务没有谈成，却与石油大亨相谈甚欢。在告别时，客户答应销售经理会好好考虑购买债券的事情，所以希望销售经理能在三天之内将相关的债券资料发给他。

销售经理很积极，当天晚上就给石油大亨发送了邮件，并承诺会随时解答石油大亨的疑问。

接连两天，销售经理都没有收到石油大亨的回复。第四天一早，他就接受公司的安排到外地出差，一个星期后才回来，回来后又连着忙了一个星期。

等忙完的时候，销售人员想起来应该给石油大亨打个电话，询问一下石油大亨的决定。但是，电话接通后，却听到石油大亨说他已经跟别人签约，请销售经理不要再打扰他。

听到这句话，销售经理一脸茫然，不明白石油大亨的态度为什么转变如此之快，便壮胆问石油大亨是否对什么不满意。

"对你不满意。我在收到你的邮件后，就给你回复了邮件，请你帮忙看看我的决定是否正确。但你却一直没有回复，"石油大亨生气地说，"好了，现在事情结束了，我以后都不想再见到你了。"

此时销售经理才恍然大悟，由于自己的疏忽冷落了对方，所以才会有如此的结果。

没有及时回复邮件，会让人感觉到被疏忽，从而改变态度。这就是因为缺乏反馈。

2

反馈研究

俗话说，酒逢知己千杯少，话不投机半句多。如果要让说服对象心甘情愿地向我们敞开心扉，那么我们就要想方设法营造出"投机"的谈话气氛。而在诸多方法中，最简单、最有效的就是利用心理学上的"反馈效应"。

反馈原是物理学中的一个概念，是指把放大器输出电路中的一部分能量送回输入电路中，以增强或减弱输入信号的效应。

如果将这一原理应用到人际关系中，即为将谈话（或事情）中的一部分"送回"谈话者（或做事者）那里，这样就可以增强或减弱谈话者（或做事者）的谈话（或做事）兴趣。

心理学家 C.C. 罗西与 L.K. 亨利就利用实验证明了这一现象。

研究人员先把一个班的学生分为三组，规定每天学习后对他们进行测验。

然后，研究人员对这三组学生进行了不同程度的"学习效果反馈"。每天都告诉第一组学生测验的结果；对第二组学生每周告诉一次；而对第三组学生，则一次都不告诉。如此进行了 8 周。

之后，研究人员改变了"反馈方法"：对第一组学生不再告知学习结果；对第二组学生依然每周告诉一次；对第三组学生则每天告诉一次。如此又进行了 8 周。

最后，研究人员统计这 16 周以来三组学生的成绩，结果发现，第一组学生在 8 周后成绩明显开始下降；第二组学生的成绩一直在稳步前进；而第三组学生的成绩则在 8 周后开始突飞猛进。

由此，研究人员推断，自己的学习成果对学习有非常重要的促进作用，而且即时反馈比延时反馈效果更大。

可见，反馈是提高人们兴趣的一大法宝。

3 每个人的自信都不绝对

人们为什么需要反馈呢？因为人们有时会对环境——尤其是陌生的环境——产生一种无法掌控的感觉。这种感觉会让人忍不住懈怠、放弃。

泰罗是一名加拿大退伍士兵。从部队退伍回到家，他觉得自己应该找一份工作养活自己。于是，他马上出去找工作。或许是命运的眷顾，他很快在一个省级的水电厂里当上了机械师。

对泰罗来说，机械师的工作难度不大，所以他很轻松地就能把工作做得很好，并因此经常获得表扬。这让他感到十分开心。

一年半以后，老板告诉他，他被升职为班长了，负责管理厂里的重型柴油机和其他设备。但是，泰罗却不怎么高兴。他有点担心——他觉得自己一直是个小兵，没有当班长的经验，他怕自己担不起这个重大的责任。

所以，从那时起，焦虑无时无刻不困扰着泰罗。不管是睡着还是醒着，在家里还是在工厂里，他都处于一种焦躁不安、忧心忡忡的状态。

终于有一天，那件让泰罗担心的事发生了。那一天，他发现厂里的四台牵引车全部坏了。所以，其他工作也没法进行了。这无疑是一个大事故。泰罗担心自己因此被经理辞退。

那一天，他坐立不安，心也跳得厉害，仿佛天塌下来了。他甚至忘记找人去修好牵引车……

他当然受到了惩罚——被免去班长的职位。不过,他却因此轻松了很多。

泰罗没有能力当班长吗？不是。让泰罗产生焦虑的因素不是能力，而是对变化的无法掌控感。因为不熟悉而不知道怎么去掌控，因为无法掌控而缺乏信心。

所以，在说服的过程中，如果对方所说的事情没有得到我们的回应，那么对方可能就会把注意力放在消极的一面上，认为我们是骗他的——他没信心认为他遇到的这个陌生人就是一个好人，更加不会相信我们的说服是善意的、是互利共赢的。

那么，我们要如何对说服对象做出回应呢？一个简单而有效的方法是倾听。

倾听也是一种反馈

在人际沟通中，倾听一直都被大家所强调与重视，大多数人都知道倾听是对说话者的一种尊重。从生活经验上来看，人们确实不愿意对着一个没有在听自己说话的人继续讲话。

比如，你在和说服对象聊天，对方说话的时候，你因为某些原因没有听他讲话，而是将注意力放在了其他地方。对方顺着你的目光发现了你的心思。接着，他不但停止了诉说，还表现得有点生气，找个借口便离开了。

再如，你想邀请一个人一起看世界杯足球赛，你滔滔不绝地跟对方讲这场比赛将会有哪些著名的球员到场，比赛是多么的让人期待。但是，对方一直没有听。你会不会想：他是不是对球赛没有兴趣？然后，你是不是会打消和他一起去看球赛的念头？

可见，在沟通中，倾听是促使双方顺利沟通的重要因素。它的重要性是否真如大家所猜测的这样呢？我们来看心理学家是怎样验证的。

美国激励专家罗勃曾在美国的一所大学进行了一次关于倾听的实验。这个实验发生在这所大学里的某位教授的授课课堂上。教授对于实验一无所知，而听讲的学生中大部分都是研究人员所找的"托儿"，即配合研究人员完成实验的人。

研究人员在课间休息时找到这位教授，并请他到校长办公室去取一些学校排定的课程资料。教授走后，研究人员请在下面听讲的所有学生待会儿在课堂上表现出最恶劣的聆听态度，并进行了演练。

一会儿，教授取完课程资料，重新回到课堂。学生们依照计划首先拍手对教授表示欢迎。然后再接着的课堂中，只要教授一开口，学生们就依计划发挥演技，表现自己的恶劣聆听态度。

实验中，教授的反应是重点。研究人员通过观察发现，面对学生们恶劣的聆听态度，这位可怜的教授露出了困惑和难过的表情。教授近乎乞求地问学生："你们在干什么？"

当一个人在讲话时没有人倾听，或者对方的聆听表现很恶劣的时候，容易让说话者产生焦虑、失落、气愤等情绪，而且这种负面情绪会掩盖说话者对聆听者其他的好感。就像在实验中，就算学生们一开始便表现出欢迎教授的热情，也无法在后面的授课中让其产生良好的情绪。

除罗勃的实验之外，有人通过实验同样发现了倾听的重要性。

研究人员选择了一群水平相当的推销员作为实验对象，让他们一起接受六个月的训练，并让他们去卖同样的商品。

通过一定的训练，再通过对推销员的销售技巧、习惯和个人性格严格审核，研究人员保证了这些推销员之间的推销技巧没有太大的差异。

按理来说，这一批推销员的推销成果应该没有多大差别，但事实上，推销结果却出现了有高有低的情况。

研究人员对导致这种情况出现的因素进行了分析。结果发现，在说服力最高的那 10% 的推销员中和说服力最低的那 10% 的推销员之间，存在着一个明显的差异。

说服力最低的那 10% 的推销员在每一次推销中平均说话 30 分钟；而说服力最高的那 10% 的推销员则在每一次推销中平均只说话 12 分钟。也就是说，说服力最高的那 10% 的推销员花了更多时间听他们的顾客讲话。

真的如此吗？研究人员对表现平平的推销员调查后发现，他们说话的时间一般会比客户多 3 倍。

由此，研究人员得出这样一个结论：倾听是影响说服的关键因素，其重要程度甚至比说话的重要程度还大。

虽然实验结果如此，但是在现实生活中，很多人却因为担心对方不能明白自己的意思，不够了解自己的观点，而想方设法用更多的话语来表达自己的观点，以便在说服过程中牢牢占据"说话者"的角色，并拒绝扮演"倾听者"的角色。整个说服的结果也因此多是"以后再说吧！"

所以，在与说服对象沟通的时候，应该注意不要说太多的话，因为它并不能够帮助我们获得对方的好感，或者加强我们的说服力。如果我们能花更多的时间听对方讲话，反而会得到更好的说服效果。

5

怎么倾听才有效

倾听，说起来很容易，做起来却有点困难，尤其是具有反馈效果的倾听，更不容易。所以，要想倾听有成效，我们至少要做到以下几个方面。

（1）有异议时只倾听不反驳

由于我们总是认为自己比别人了解得更多，自己的知识更丰富，所以当他人出现与我们不同的想法时，我们就会在潜意识中认为，对方的观点是错误的，我们有责任纠正他，然后便会打断他，发表自己的观点——让他接受我们的"正确观点"，放弃他自己的"错误观点"。

对方当然会认为我们的这种想法是可笑的。所以，当我们打断他，说出自己的观点的时候，他也在组织语言来反驳我们、打断我们，并阐述他自己的观点。即使他在后面的谈话中知道自己的想法是片面的、不正确的，也会坚持反驳下去，因为他要保护自己的内心、情感不受伤害。

（2）发出感应，让对方知道我们在认真听

发出感应，是指让对方感觉到我们在认真听他说话。对此，我们可以通过以下几种技巧来集中精力、全神贯注地倾听对方说话。

● 面部交流。方法很简单，只要将脸转向客户即可。

● 眼神交流。注视客户，用眼睛来接收客户说话时所发出的非语言信息。

● 用非语言信息来响应客户的谈话，如表情。

● 不要讲话，只使用接受性的语言来紧跟客户的思路，并鼓励客户继续说下去，如"我明白""嗯""是吗""没错""这样啊""原来如此"等。

● 适当地沉默。只静静地听，什么话都不要说。

我们不必硬记这些技巧，只要能调整心态，用心去倾听，就会表现出优秀倾听者的行为。

（3）换位思考

换位思考，即站在对方的立场上去看待事情的经过、问题的来源。在换位思考时，我们要注意：不能对对方的谈话内容进行判断，即判断对与错、是与否、合理或不合理等；不能以自己的观点和动机向对方一再提问，"逼"对方承认一些事情，或者追问一些对方并不想说的事情；也不能以自己的观点和动机来回答对方的提问；更不能以自己的经验来解释对方的动机、行为，猜测对方的想法。因为这些都是自作主张、想当然的做法，只会加深误解，而无助于沟通。我们若想与对方建立一个融洽的沟通氛围，就要极力避免这些情况的出现。

此外，在进行换位思考时，如果我们能够模仿说服对象的说话方式、说话速度、说话语气、音调等，来回应对方的谈话内容，那么他就会更加信任我们。

（4）理解信息

理解信息是倾听的最后一步，也是至关重要的一步。没有做好这一步，我们就可能会误解对方的意图，导致后续说服的失败。理解信息最有效的方法是重复对方的谈话内容，以便及时核对接收到的信息。在理解信息、核对信息时，我们可以套用以下句式：

"就我的理解，您是希望……"

"这么说，您的意思是……"

"您看我这样理解对不对……"

"您看我是不是准确理解了您的意思……"

"您能不能再解释一下……我似乎不太明白。"

使用设身处地倾听法，不但可以让我们避免倾听错误，减少导致说服对象不满的因素；还能让我们摸准说服对象的内心脉搏，发现他的真实需求和愿望，为成功说服做准备。

Chapter 29

第二十九章
印象协调

如果一个人答应了他人的第一个要求，
那么他很可能也会答应第二个更大的要求。

1

美味的石头汤

一般而言，人们很少会突然、冲动地或有意识地做出某种决定，人们通常不会立即做出决定说："我会答应你的要求，你说的没错。"相反，人们更有可能拒绝对方的某种要求或者说服性的目的。

那么，如何才能让对方自愿地或者是在不自觉的过程中被说服呢？《伊索寓言》中"石头汤"的故事可以给我们启示。

风雨交加的夜晚，一个乞丐走到了一户富人家门口，"滚开！不要来打搅我们！"不等乞丐走近仆人便吼道。

乞丐说道："太冷了，我只想在你家火炉旁烤干衣服，可以吗？"

仆人一想这很简单，便答应乞丐，带着他到厨房去烤火。

乞丐把衣服烘干后，对厨娘说道："我可以借用一下你的锅吗？我只想用锅煮一点石头汤。"

什么是石头汤？——厨娘疑惑，便答应道："我想看看用石头怎样做成汤。"

于是，乞丐捡来了石头，洗干净后放到锅里煮。过了一会儿，乞丐自言自语道："可是，我总得放盐吧。"厨娘想了想，觉得很有道理，就答应了这一要求。

又过了一会儿，乞丐说："根据以往的经验，这么一锅石头汤，如果能够加入一些豌豆，那么汤的味道会特别鲜美的。"厨娘马上去找来豌豆，让乞丐加入锅里。

后来，乞丐又为了"石头汤"的鲜美，逐次提出了加入一些薄荷、香菜等要求，甚至还建议给"石头汤"里加一些肉末，厨娘都很配合地答应了这些要求。

于是，一个小时后，乞丐宣布："石头汤做好了！"厨娘闻着香味，向乞丐要求尝一尝，乞丐当然答应了，厨娘顿时对乞丐钦佩不已。

乞丐从跨进富人家的门开始到最后享受"石头汤"，每一次无不是对方自愿被说服的结果，这也正是"登门槛"效应的确切体现。

2 | 登门槛效应

登门槛效应，也叫"得寸进尺效应"，是指一个人一旦接受了他人一个微不足道的要求，就会接受其更多、更大的要求。这种现象就如登门槛、上台阶一样，一步一步地达到目的。

登门槛效应是由美国社会心理学家弗里德曼与弗雷瑟于1966年做的"无压力的屈从——登门槛技术"的现场实验中提出的。

研究人员对两个住宅区的家庭主妇提出了一个同样的要求——把一个不仅大，而且不太美观的招牌放在庭院里。

在第一个住宅区，研究人员直接提出这一要求，结果只有不足20%的家庭主妇同意。

在第二个住宅区，研究人员先请她们将一个精美的小招牌挂在她们家的窗户上。这些家庭主妇都愉快地同意了。两个星期后，他们再次找到这些同意挂小招牌的家庭主妇，对她们说希望她们能将一个稍大但不怎么美观的招牌放在庭院里。结果，60%的家庭主妇同意了。

为什么会出现这么大的差距呢？

心理学家认为，一方面的原因是，一个人拒绝违反意愿的或难以做到的请求是很自然的，但如果他对于一个小请求找不到拒绝的理由，就会产生同意的倾向。而在他卷入一项活动的一小部分以后，他就会随着活动的展开产生一种关心社会、关心他人的知觉、自我概念或态度。这时，如果他拒绝后来的大要求，就会出现认知上的不协调，而恢复协调的内部压力就会驱使他继续做下去，即答应以后的大要求。

不言而喻，在实验中，第二组家庭主妇的同意率之所以超过半数，是因为在这之前她们答应了一个较小的要求，产生了一种责任感；而第一组家庭主妇的同意率之所以不到20%，是因为她们觉得拒绝她们不想做的事情是理所当然的。

这个结果其实也反映了人们希望在公众面前保持前后一致的形象。具体来说就是，人们都希望自己在他人眼中是言行一致的，不希望被他人认为自己表里不一、变化无常。因此，如果一个人向你提出微不足道的请求时，一旦你接受了，那么在随后的越来越多甚至越来越过分的要求中，你为了保持自己前后一致的良好印象，就会继续答应对方的要求。

一切都为了"言行一致"

那么，人们怎么会甘心为了"言行一致"的形象而"受人摆布"呢？也许并非所有人的答案都是肯定的，但大部分人都会这样做。因为前后不一致的形象，即使有充足的理由，也会给他人留下负面的印象。

比如，一位礼仪老师正在为一家企业的员工讲说礼仪课，当说到着装要整洁时，有人看到他的西装破了，就问了一句："老师，您的衣服怎么破了？"他不假思索地回答："我今天来公司，怕迟到，本来应该绕过栏杆进来的，但看看时间来不及了，所以就直接翻栏杆进来了，结果衣服就被刮破了。"说完无所谓地接着上课，但接下来，员工们已没有几个认真听了。

可以说，前后不一致的表现会彻底毁坏人们精心设计的自我形象。所以，人们会尽可能地让自己的言行保持一致，只要代价不是很大。

关于言行一致的期望，有心理学家曾做过这样一项实验。

心理学家将120名大学生分成两组进行谈话，谈话的主题是"全国范围的水中加氟"。他通过事先的问卷调查，了解到学生们基本上支持这一做法，但并不绝对。

在谈话之前，心理学家告诉第一组被试者，他非常支持自由言论。对此，学生们都表示支持。但是，对于第二组被试者，他则没有说出同样的话。

然后，心理学家开始与学生交流。在交谈中，他一直在努力说服学生们能反对"水中加氟"这一行为。当然，这些学生们原本是持"支持"态度的。可以说，心理学家的谈话，就是在为了改变他们的观点。

结果发现，研究人员说服了第一组中的绝大多数人，但却无法说服第二组人。

为什么会这样？心理学家的解释是，对于第一组学生来说，因为他们在一开始表示自己支持"自由言论"，那么为了证明自己的言行一致，他们就不会因为研究人员与自己截然不同的观点而对他表示出反感的态度，从而更加容易接受他的观点；而对于第二组学生来说，由于他们没有进行过与"自由言论"相关的观点表述，只是在问卷中表达过自己对"水中加氟"的看法，所以，在研究人员劝说他们"反对"这一看法的时候，他们就表现出了抗拒的态度。

所以，一个人是否接受他人的观点，关键就在于他的印象期望。如果他希望给对方留下"自由言论""善解人意""宽容大度"等印象，那么他就会努力去理解对方的观点，从而更容易被说服；相反，如果他希望给对方留下"我是对的""我是权威的"的印象，那么对方若说出与他不一致的观点，很可能就会遭到他的反感与排斥。

4 在一开始就表达你对他的期望

"言行一致"的印象期望，即意味着，如果在说服过程中，我们从一开始就设定一个局——表达对说服对象的期望，那么对方可能就会按照我们的期望做出改变。

某个公司对员工的上班时间管理得不是很严格。员工偶尔迟到一次，公司一般都不会计较；但是，如果经常迟到，公司就会直接对他做出处罚。所以，虽然公司"允许"员工迟到，但员工们都会尽量准时上班。不过，也有例外。

有一个客服人员琳达，最近不知道出于什么原因，连着 10 个工作日，已经迟到了 8 次，每次迟到的时间都在 10 分钟之内。负责考勤的人事专员打算将这件事汇报给自己的上司——人事经理。如果人事经理觉得琳达的行为不能容忍，就会按照公司的制度，将她当月的奖金扣除。

不过，由于人事经理跟客服经理的关系比较好，所以人事经理在得知这件事后，并没有做出指示，而将这件事交给了客服经理，问他该怎么办。

客服经理本来是不必负责这类事情的。他每天有很多事情要做，完全可以将这件事直接交给人事部处理，但他没有这么做。他觉得员工的迟到问题是可以改正的。所以，他的回答是："我回去跟她谈谈。如果没有效果，你们再按制度去办。"

随后，他就找到琳达，对她说："人事经理给我打电话了，说你已经几天没有按时上班了。我相信你不是故意的，我也相信你能找到办法，安排好时间，准时上班。"

此后，琳达再也没有迟到过。

不难看出，让琳达心甘情愿做出改变的，是那两个期望——"我相信你不是故意的"以及"我相信你能找到办法，安排好时间，准时上班"。当琳达接受这两个期望的时候，她就会努力做出与期望一致的反应。

5 ｜ 引导对方说"是"

除了表达期望，还有一种让人心甘情愿被说服的方法，那就是从小处开始引导对方说"是"，从而一步步引导对方接受我们的劝说。

美国西屋公司的推销员经过三年的追踪，终于说服一个客户购买了几部发动机。虽然只购买了几部，但推销员认为，只要这几部发动机不出毛病，这个客户会与其签订一张几百部发动机的订单。

所以，在客户收到发动机三个星期后，推销员满怀信心地再去拜访客户。

见到推销员，客户直接对他说："我不能再买你们的发动机了。因为你们的发动机太热了，我的手都不能放上去。"

"听我说，先生，"推销员平静地说，"我百分之百同意你。如果那些发动机太热，你就不应该再买。你的发动机热度不应该超过全国电器制造公会所立下的标准，不是吗？"

客户："那当然。"

推销员："电器制造公会的规则是，设计适当的发动机可以比室内温度高出华氏72度。对不对呢？"

客户："是的，但你的发动机太热了。"

推销员："厂房有多热呢？"

客户："大约华氏 75 度。"

销售员："那么，如果厂房是 75 度，加上 72 度，总共就等于华氏 147 度，如果你把手放在华氏 147 度的热水塞门下面，是不是很烫手呢？"

客户没说话。推销员接着说："那么，不要把手放在发动机上面，不是一个好办法吗？"

这时，客户才说："我想你是对的。"说完，就叫来了秘书，签下了一张价值 3.5 万美元的订单。

这一策略是有效的，但是，它的运用是需要条件的，即我们所问的每一个问题，都必须与最终目标有共通的地方。否则，即使对方在一开始回答了"是"，认同了我们的观点，但在最后还是会提出相反的观点的。

Chapter 30

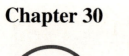

第三十章

报恩心理

　　为我们雪中送炭的人，我们对他会尽可能地做出让步。

1

接受小恩小惠之后

著名的心理学家奇欧迪尼在研究中指出，"交换"是人际关系中最重要的行为之一。不管有价的物质，还是无价的感情，一旦收取了别人的赠予，人们就会想方设法去偿还。

世界服装行业最大的毛料供应公司德第蒙德尼龙公司的创始人德第蒙德先生亲身经历的故事，即是证明。

一天早上，一位怒气冲冲的客户闯进了德第蒙德先生的办公室，因为他不相信自己欠下15美元："太过分了！我不但不会支付那笔钱，而且今后再也不会订购你们公司的任何货物。"

德第蒙德先生没有说话，只是面露微笑地倾听着。

"我和你们做了这么多年的生意，怎么会欠你们15美元……我可不是一个赖账的人。"

等客户控诉完，德第蒙德先生才平静地说："你专程到芝加哥来告诉我这件事，我非常感谢，你帮了我一个大忙，因为我们的信用部如果让你不高兴，那么也可能会让别的客户不高兴。

"现在，我们要勾销那笔15美元的账，并忘掉这件事。你是一个细心的人，且只用检查你的一份账目，而我们的员工却要负责几千份账目，所以，他们犯错的可能性更大。

"我理解你的感受，你的决定是对的。不过，既然你以后不想再买我们的产品了，我就再给你推荐其他几家公司吧。

"如果你接受我的感谢和道歉，就请留下来吃顿便饭。"

听到这些话，客户不知道怎么说，他本来是想来大闹一场的。现在，只能勉强答应了。

吃完午饭，客户还是觉得不自在，于是，他又订购了更多的货物。

回到自己的公司，客户又特意检查了一遍账单，这才发现原来是自己弄错了，更是愧疚不已，不但立即给德第蒙德公司寄去了一张 15 美元的支票，并向德第蒙德先生表达了他的歉意，还成为了德第蒙德公司的忠诚客户，直到 22 年后去世。

德第蒙德是怎么赢得这个客户的心的呢？不难看出，关键在于"站在客户的角度考虑问题""倾听客户的抱怨"以及"对客户表现出积极的感情"。仅仅这些就能"收复"本来怒气冲冲的客户吗？是的。就是这样给客户一些"恩惠"，客户便会想办法回报他。这就是心理学上"互惠关系定律"的作用。

2

互惠关系定律

社会学家阿尔文·古尔德纳认为，所谓互惠关系定律，是指对于那些曾帮助过我们的人，我们从内心里会觉得应当对其施以帮助，而不是伤害。因此，人际关系就会出现一种循环：你帮助了我，我也会帮助你；你再次帮助我，我也会再次帮助你。可以说，这是一种无限循环的回报性人际关系。

这对说服有什么意义呢？康奈尔大学的里根教授曾经做的一个实验，能够告诉我们答案。

在这个实验中，研究人员把被试者分为两组，要求他们来对一些画做出评分。评画活动共分两场，中间有一个休息时间。而且，在这两组被试者中，还混有里根教授安排的两位助理。

第一场评画活动结束之后，第一组中的助理跑到外面的商店买了一些可乐，一罐给自己，其余的随机分发给素昧平生的被试者；而第二组中的助理则买了一罐可乐，只给自己，没有给陌生人。

之后，开始第二场评画活动。等被试者把所有画作都评过分后，助理便开始在小组中请求大家帮忙："我正在销售 0.25 美元一张的奖券，如果我是公司里卖出奖券最多的人，就能拿到 50 美元的奖金。在此，我希望诸位朋友能够助我一臂之力，买我的奖券，不管买多少都行！"

结果，第一组中的被试者购买奖券的数量是第二组的两倍，有人甚至一下子购买了 7 张奖券；而第二组中，只有很少的被试者购买奖券，即使购买，也只购买了 1 张。

为什么会出现这样的结果呢？

对大多数人来说，接受陌生人的恩惠就如欠下一份债，心里会产生负债感，总是希望能在未来的某一时间偿还这份债。之后，如果有一天对方需要他们的帮助，他们却没有伸出援手，那么其内心就会产生一种内疚感。这种内疚感，会驱使他们尽快、尽可能地做出"回报"的行为。

这时，人们彼此之间的行为就会符合心理学上的"互惠关系定律"——给予就会被给予，剥夺就会被剥夺；信任就会被信任，怀疑就会被怀疑；爱就会被爱，恨就会被恨。

3

隐藏的内疚感

可以说，是内疚感导致了互惠关系定律的循环。

那么，内疚感是怎么一回事呢？

内疚感是一种令人十分痛苦的消极情绪，也是人们竭力想避免产生的情感。当内疚感占据着我们的头脑时，人们会尝试着做一些弥补行为抑或是利他行为。对此，心理学家在实验中得到了证实。

我们以戴维·麦克米伦和詹姆斯·奥斯汀的实验来说明。

实验中，研究人员以学分"威胁"几个学生到实验室参加一项实验。当这些学生到达实验室的时候，研究人员还没有到达。学生们便聚在一起讨论即将开始的实验。

忽然间，一个似乎是高年级的同学走进了实验室。他告诉这些学弟，自己是刚刚参加过实验的学生，参加实验时丢失了一个笔记本，他是来找笔记本的，并告诉他们，实验的主要内容是做一份选择测验题，这项测验中，大多数题的正确答案是"B"。

得到这些信息之后，正在等待的学生们纷纷对寻找笔记本的学长表示，愿意帮他一起寻找笔记本。

在找到笔记本之后，这个学生离开了，研究人员随即进入实验室。

之后，研究人员对学生们简单介绍了一下实验的目的和内容，并问他们："你们之前参加过类似的实验或者听到过相关的任何事情吗？"

虽然已经从学长那里得知了实验的情况，但这些学生还是异口同声地回答："没有！"之后，他们开始做一份测试题，并真的按照高年级同学的说法对很多题都选择了"B"。

做完测试题之后，研究人员对他们说："现在，你们可以走了。当然，如果你们有空的话，能不能帮忙给一些问卷评分？因为参与评分的教师不够。"

结果，这些被试者们竟然都留下来了——他们自愿奉上60分钟，以帮助研究人员给卷子评分。

可见，人们在得到帮助或者犯了错误之后，会倾向于做些"善事"。

关于这样的倾向，心理学家认为，其根源在于人们心中的内疚感——人们想通过某种行为来减轻自己的内疚感，并恢复自己已经有所贬值的自我形象，以及期望他人对自己仍是积极的印象。也就是说，人们这种行善的真正目的不是为了替他人"排忧解难"，而是想让自己好过一些，不再有内疚感。

4

先给他一些小利益

人为财死，鸟为食亡，人们在生活中做的许多事情都因为一个"利"字。很多时候，人们可以因为利益的驱使去做一些自己本不愿做的事情。比如，有人可以因为利益而去选择一份自己不喜欢的工作；有人可以因为利益而选择与一个自己并不喜欢的人在一起。这些都说明，利益对于人们的影响力非常大。如果我们能够以利益为诱惑，就会更容易说服对方。

大卫·斯托梅茨和同事们曾经做过这样一个实验，实验证明了利益的大小、利益的给予方式对说服力的影响。

实验在餐馆里进行，主要内容是研究服务员在结账的时候赠送顾客糖果对顾客给出的小费数量的影响。

在实验中，服务生按照实验要求在为顾客取来账单的同时，送给顾客糖果。其中一共有三种情况：不赠送糖果、赠送一粒糖果、赠送两粒糖果。

然后研究人员统计在这三种不同情况下顾客给的小费，发现只得到一粒糖果的顾客与那些没得到糖果的顾客相比，小费高出了3.3%；而得到两粒糖果的顾客与那些没得到糖果的顾客相比，小费高出了14.1%。

这是一种令人惊奇的改变，服务员赠送出价格只有几美分的两颗糖果，但是却得到了更高的小费。

由此，研究人员认为利益可以在一定程度上提高说服力，增加劝说对象的积极反应。同时，他们也猜测，利益的多少并不直接影响说服力的大小。

比如实验中，相对于顾客多给的小费，那些被服务员赠送出去的糖果价值很低，只有几美分。

真相究竟如何？研究人员对这些被试者进行了后续实验。

在实验第二阶段中，研究人员增加了一项研究，即让服务生以不同的方式把两颗糖果赠送给顾客——他让服务生在送出一颗糖果后转身离去，但这只是一个动作，服务员不用走远，他们又返回客人身边，拿出另一颗糖果赠送给顾客。

结果，研究人员发现，相对于那些没得到糖果的顾客，在这种情况下的顾客给的小费额度提高了 23%。

这个结果意味着什么？研究人员巧妙设计服务员转身但又折返的行为，让顾客产生"服务生对我很有好感，所以才会折返送我第二颗糖"的想法。而显然，这种想法很好地讨好了顾客，让顾客愿意给服务员更多的小费。

可见，当给予他人一定的利益之后，我们就可以从他那里得到更多的利益。在一定的情况下，给对方的利益越多，对方的积极反应就越大。这一点很容易理解，如超市促销的时候，同一种商品，哪个品牌赠送的礼品越多，购买的顾客就有可能越多。

不过，需要说明的是，并不是利益的多少决定了对方的反应。事实上，我们给予对方利益，对方做出了积极反应，有时候是因为在一定程度上感觉到心理平衡或者觉得自己占了便宜，有时候则是因为觉得自己得到了喜爱和尊重。不管哪种原因，他们做出积极反应的理由都是他们在心理上获得了满足，而这种心理满足是从我们身上获得的，所以他们愿意对我们做出积极的行为反应。

所以，即使我们没有给予对方物质上的利益，但若是能够以其他方式控制好给对方带来的心理感受，让对方的心理得到满足，那么我们的方法也将会得到很好的说服效果。

那么，除了物质上的利益，我们还可以给说服对象什么样的利益呢？

5 | 给予赞美

赞美也是一种恩惠。给予他人赞美的人，往往能够得到回报。

一次，某服装店里来了一位年轻女顾客，身材很好就是穿着很老土，一看就知道是刚从乡下来的。当时所有的员工都不愿意为她服务，只有埃维娜走了上去，耐心地询问她想买什么样的衣服，还为她找来合适的号码让她试穿。

但是，那位顾客走出试衣间后，还是穿着原来的衣服，很愧疚地说："我想我还是不要试了，这么贵的衣服我也买不起。"

埃维娜笑着对顾客说："买不买都没有关系，每个女人都有追求美的权利，您的身材这么好，天生就该穿漂亮的衣服！去试试吧！看看穿着漂亮衣服的你有多么美丽。"

最后，顾客试穿了那件衣服。当然，她没有买下——她真的买不起。不过，她却感到很开心。

一个月后，这位顾客再次来到了店里，她用她的第一笔工资购买了那件试穿过的衣服。她说，是埃维娜真诚的态度，使她再一次来到店里。

这并不是个例。试想一下，当你是一个学生的时候，你的老师在检查完你的家庭作业后，夸赞你说："真是个认真的孩子，能把这些题做得这么好，一定花费了不少工夫吧！"听到这些话，你会怎么想？以后会怎么做？还会讨厌做家庭作业吗？其他事情也是如此，每一个人都希望得到赞美和鼓励。

6

率先让步

　　有时候，说服的过程会因为双方的坚持而出现僵局。这时，我们往往会理所当然地认为，第一个让步的人就代表着"认输"。其实不然，率先做出让步的人，往往能够得到更多的回报。

　　心理研究者查尔迪尼等人曾做过一项名为"导致顺从的互让过程"的研究。这个研究是这样的：

　　研究人员将参与实验的大学生分成两组，对他们提出了同一个要求——用两个小时的时间带领少年们逛动物园。不过，这一要求的提出方式略有不同。

　　对于第一组大学生，研究人员直接提出了这一要求，结果只有1/6的学生答应了。

　　对于第二组大学生，研究人员先请求他们担任一个少年管教所的义务辅导员，时间是两年。这可是一件费时费力的工作，几乎所有的大学生都谢绝了。接着，研究人员又提出了一个小的要求，希望他们能带领少年们去动物园玩两个小时。一听到这个要求，大多数学生都同意了。

　　为什么会出现这种结果呢？

　　研究者认为，一个人在拒绝他人的大要求时，不管因为什么理由，都会觉得自己乐于助人的形象受到了损害，而自己的内心也会出现或多或少的愧疚感。所以，为了恢复在别人心目中的良好形象、平衡自己的心理状态，他们会毅然接受第二个可以做到的小要求。

　　这个结论若换个角度即意味着，如果我们做出让步，将我们对说服对象的要求缩小，或者同意给予他们支持和帮助，那么他们就会很容易答应我们。

自 1913 年福特汽车公司内所有车间全部安装了自动生产流水线之后，福特汽车的产量立刻翻番了。这让福特感到高兴的同时，也让他感到忧愁。因为汽车的产量虽然增加了，但工人数量却一直在减少。

要知道，当时福特的工厂需要 1.4 万名工人。但是，工人的流转率却高达 370%。也就是说，他每年几乎要雇用 5 万人才能完成本该 1.4 万人就能完成的生产量。

为什么会这样？

担任总经理的詹姆斯·库兹恩斯通过资料统计发现，由于新生产方法的实施，福特汽车公司工人的劳动强度，是其他公司工人劳动强度的数倍；虽然他们所做的都是半机械的动作，但他们的神经却经常处于高度紧张的状态；虽然他们的工作成果是最高的，但工资水平却只能达到整个底特律的平均水平——每天 2.34 美元。

这样的工作方式和薪酬制度，打击了工人的劳动积极性，让大批工人不愿意待在福特汽车公司，而选择其他报酬较高且劳动强度更低的工厂工作。

因此，库兹恩斯建议福特给员工涨工资，最低日薪涨至 5 美元。

福特也同意库兹恩斯的建议，愿意涨工资，但是不赞成将工资直接翻倍。所以，福特多次找到库兹恩斯，提议把工人的新工资先提到 3.5 美元甚至是 4 美元，但库兹恩斯一直坚持 5 美元。

最后，福特妥协了。

于是，1914 年 1 月 5 日，福特汽车公司董事会通过决议，郑重宣布：即日起，福特工厂的员工，不分工种，每人的最低日薪是 5 美元；同时，所有工人的工作时间从 9 小时缩减为 8 小时。

这样的薪酬制度改革，很快吸引了这个城市所有人的目光。

媒体及同行发表看法，认为福特工厂会因为承受不了成本压力而倒闭；而数万名的求职者则纷纷赶往底特律，整日围在福特工厂门前，希望成为福特的工人；更有甚者，在美国南方，长期受压抑的黑人得知在福特可以与白人一样获得 5 美元日薪的时候，也开始向底特律迁移，并写出很多蓝调（音乐风格）歌颂福特："我要去底特律，去找一个叫福特的人，找一份好工作，不再挨饿！"

所以，虽然给员工涨工资使福特工厂增加了运营成本，但是福特公司并没有因此而陷入困境，反而因为员工的忠诚和勤奋而获得了更多的利润。

因为福特给员工涨了工资，员工从内心里觉得应该给予福特回报，所以他们更加努力地工作，并保持了更高的忠诚度，从而帮助福特公司获得了更多的利益。

所以，在说服过程中我们要记住，说服的依据和目的是双赢。只要围绕着这个依据和目标展开行动，并用率先的付出让对方意识到这一点，那么我们的说服过程将会顺利很多，且终会得到回报。

后 记

闻悉本书即将出版，不胜感慨。这本书从最初的调查研究到中途的设计与写作，以及随后的出版审阅等，都是一个艰难而辛苦的过程，也是一个自我学习的过程。之所以是自我学习的过程，是因为在过去的一段时间里，围绕本书的研究与写作，我们获得了各种各样的帮助，这些帮助包括心智上的点拨、具体写作过程的指导和资料搜集论证上的协助。

在这里要特别说明的是，这本书的创作融入了团队的智慧，我们团队中的大部分人都参与了这本书的撰写或资料搜集与分析工作。这些人包括：洪少萍、孙科柳、李瑞文、秦术琼、宋松红、谭海燕、谭汉贵、王晓荣、杨兵、杨选成、袁雪萍、孙东风、孙丽、李国旗、石强、孙科江、陈智慧、安航涛、李艳、姜婷、潘长青等。本书最终由孙科炎和李国旗进行文字修订，并定稿。

在此，对以上人员表示衷心的感谢！

作 者